Die Not der Zeit hat die meisten deutschen Sammlungen von staats- und sozialwissenschaftlichen Abhandlungen zum Erliegen gebracht. Den Fachzeitschriften fehlt der Raum für größere Untersuchungen. In der Erkenntnis, daß nur eine Zusammenfassung der Kräfte Abhilfe schaffen könne, haben deshalb die sozialwissenschaftlichen Forscher Deutschlands die Herausgabe einer gemeinschaftlichen Sammlung beschlossen und eine Arbeitsgemeinschaft begründet, welche die sorgfältige Auslese der zu veröffentlichenden Abhandlungen sicherstellt. In dankenswerter Weise hat der Verlag Walter de Gruyter & Co. auf jeden Gewinn aus den »Sozialwissenschaftlichen Forschungen« verzichtet und leistet die Notgemeinschaft der deutschen Wissenschaft Zuschüsse zu den Herstellungskosten.

Mit wenigen Ausnahmen sind alle Lehrer der Staats- und Sozialwissenschaften an den deutschen Universitäten, landwirtschaftlichen, technischen und Handelshochschulen und eine Anzahl Privatgelehrter der Arbeitsgemeinschaft beigetreten. Sie gliedert sich ebenso wie die »Sozialwissenschaftlichen Forschungen« bis auf weiteres in 5 Abteilungen. Der von den Fachgenossen gewählte Abteilungsvorsteher oder sein Stellvertreter entscheidet über die Annahme der eingereichten Arbeiten und trägt die Verantwortung als Herausgeber. Die Abteilungen und ihre Vorsteher sind die folgenden:

I. Allgemeine Nationalökonomie (mit Einschluß des Bevölkerungswesens), Soziologie, allgemeine Sozialpolitik, allgemeine Probleme der Statistik, der Wirtschaftsgeschichte und -geographie.

Professor **Diehl**-Freiburg,
„ **Alfred Weber**-Heidelberg,
„ **v. Zwiedineck-Südenhorst**-München.

II. Agrar- und Siedlungswesen (auch Forstwesen, Jagd, Fischerei) mit Einschluß der nationalökonomischen Probleme der landwirtschaftlichen Betriebslehre.

Professor **Sering**-Berlin,
„ **Gerlach**-Königsberg,
Dr. **Keup**-Berlin.

III. Gewerbe (Bergbau, Industrie, Handwerk) mit Einschluß der gewerblichen Sozialpolitik.

Professor **Herkner**-Berlin,
„ **Adolf Weber**-München,
„ **Heyde**-Berlin und Rostock.

IV. Handel und Verkehr, Bank- und Börsenwesen, Versicherungswesen, auswärtige Wirtschaftspolitik.

Professor **Eckert**-Köln,
„ **Prion**-Köln,
„ **Erwin v. Beckerath**-Kiel.

V. Finanzwissenschaft.

Professor **v. Eheberg**-Erlangen,
„ **Terhalle**-Hamburg,
Landesfinanzamtspräsident **Dr. Schwarz**-Magdeburg.

Berlin und Breslau im Oktober 1922.

Das Präsidium der sozialwissenschaftlichen Arbeitsgemeinschaft

Sering. Herkner. Hesse.

Sozialwissenschaftliche Forschungen

Herausgegeben von der

Sozialwissenschaftlichen Arbeitsgemeinschaft

Abteilung IV — Heft 3

Berlin und Leipzig 1926

Walter de Gruyter & Co.

vormals G. J. Göschen'sche Verlagshandlung — J. Guttentag, Verlagsbuchhandlung: Georg Reimer — Karl J. Trübner — Veit & Comp.

Amerikas internationale Kapitalwanderungen

Von

Dr. jur. Dr. phil. Kurt Freiherr v. Reibnitz

Staatsminister a. D.

Berlin und Leipzig 1926

Walter de Gruyter & Co.

vormals G. J. Göschen'sche Verlagshandlung — J. Guttentag, Verlagsbuchhandlung
Georg Reimer — Karl J. Trübner — Veit & Comp.

Angenommen auf Antrag von Professor Dr. M. Sering
durch den Abteilungsvorsteher Professor Dr. W. Prion-Berlin

Mein 1912 im Verlage von Gustav Fischer in Jena erschienenes Buch „Die New Yorker Fondsbörse (Stock Exchange). Ihre Geschichte, Verfassung und wirtschaftliche Bedeutung“ widmete ich dem Andenken meines Urgroßvaters **David Hansemann,** 1848 preußischer Finanzminister, später Chef der Preußischen Bank, verließ er 1851 den Staatsdienst und errichtete in diesem Jahre die Direktion der Diskontogesellschaft, deren Erster Geschäftsinhaber er bis zu seinem 1864 erfolgten Tode war. Ich widme dies Buch dem Andenken seiner beiden Söhne, meines Großvaters und seines Bruders

Gustav von Hansemann
Aufsichtsratsmitglied der Diskontogesellschaft
1873—1900,

Adolf von Hansemann
Erster Geschäftsinhaber der Diskontogesellschaft
1857—1903.

Berlin-Charlottenburg, den 12. November 1925.

Kurt Freiherr von Reibnitz.

Inhaltsverzeichnis

Seite

Seite

Einleitung.

Allgemeines über den internationalen Effektenkapitalismus.[1]

1. Begriff und Wesen.

Mit der fortschreitenden Entwicklung des Kapitalismus zum Hochkapitalismus hat sich das Wirtschaftsleben in Deutschland, England, Frankreich und den Vereinigten Staaten mehr und mehr verbörsianisiert, d. h. die Effektenbörse ist in steigendem Maße die Basis aller kapitalistischen und damit wirtschaftlichen und politischen Expansion, nicht nur Reflex, sondern Mittelpunkt alles ökonomischen Geschehens geworden. Der Prozentsatz des Nationalvermögens, der Effektenform hat, ist daher von Jahr zu Jahr gestiegen, desgleichen der Anteil ausländischer Effekten am Gesamteffektenbesitz. Die folgenden Zahlen zeigen die Effektifizierung der vier hochkapitalistischen Nationen vor dem Weltkrieg:

In Milliarden Mark

	1. Volksvermögen	2. Gesamteffektenbetrag	Prozentsatz von 2. zu 1.	Ausländische Effekten
Vereinigte Staaten	530	163	30 %	4
Deutschland	300	60	20 %	20
England	260	110	42 %	64
Frankreich	230	118	51 %	65

Die Grundlage dieser Effektifizierung des Volksvermögens (nationaler Effektenkapitalismus) ist außer der Volkstümlichkeit des Wertpapieres ein hochentwickeltes Börsen- und Bankwesen; die Basis des internationalen Effektenkapitalismus, d. h. der Beteiligung einer Volkswirtschaft an den Erträgen der anderen vermittels des Erwerbes ihrer Effekten, sind die großen internationalen Bankhäuser bezw. Aktienbanken einerseits, die Weltbörse andererseits. Als solche möchte ich den Komplex der sechs großen Fondsbörsen Amsterdam (gegründet 1608), London (gegründet 1697), Paris (gegründet 1724), Berlin (gegründet 1776),

[1] Über den Begriff des Effektenkapitalismus, vergl. Liefmann, Beteiligungs- und Finanzierungsgesellschaften.

Brüssel (gegründet 1801) und New York (gegründet 1817) bezeichnen. England, Frankreich, Holland, Deutschland, Belgien und die Schweiz waren bis zum Weltkrieg die typischen Länder des aktiven internationalen Effektenkapitalismus, da aus ihnen dauernd Kapitalmengen anderen Ländern zuströmten, sie befruchteten, oft auch politisch dienstbar machten; Nordamerika dagegen war das typische Land des passiven internationalen Effektenkapitalismus. Hat doch die New Yorker Fondsbörse (Stock-Exchange) wie ein Saugapparat immer neue europäische Kapitalien in die Union geführt und dadurch eine wirtschaftliche Entwicklung ermöglicht, die ihr Volksvermögen von 16,1 Milliarden Dollar im Jahre 1860 auf 321 Milliarden Dollar im Jahre 1922 steigen ließ. Das bedeutet eine Verzwanzigfachung in einem Zeitraum, in dem sich das englische Nationalvermögen nur verdreifachte, das französische etwas mehr als verdoppelte. Zu berücksichtigen ist freilich der weit geringere Flächeninhalt Englands und Frankreichs und die fehlende Befruchtung durch einen unaufhörlich fließenden Menschenstrom. Sind doch von 1821 bis 1921 33,2 Millionen Menschen in die Vereinigten Staaten gewandert.

Die kapitalausführenden Länder sonderten sich vor dem Weltkrieg nach den Hauptmotiven dieser Ausfuhr in drei große Gruppen. Die zur ersten Gruppe gehörenden — Holland und die Schweiz — kauften bzw. notierten ausländische Effekten lediglich aus Anlage- bzw. Spekulationsbedürfnis, das zur zweiten Gruppe zählende Belgien hatte vor allem die Unterstützung seiner Industrie im Auge, die Länder der letzten Gruppe dagegen — Deutschland, England und Frankreich — suchten außer dem industriellen ihren politischen Einfluß in den kapitalnehmenden Ländern zu stärken. In drei Gruppen schieden sich auch die kapitaleinführenden Länder. Während die Vereinigten Staaten, Südamerika und China das europäische Kapital zum Bau von Eisenbahnen und Häfen, Kraftwerken und Fabriken ins Land zogen, benutzten es Rußland, Italien, die Balkanstaaten und Japan hauptsächlich zu Rüstungszwecken, d. h. zur Stärkung und zur Festigung ihrer militärischen und politischen Macht. Spanien und Portugal dagegen nahmen Staatsanleihen in London, Paris und Berlin aus rein finanziellen Motiven auf.

2. Geschichtliche Epochen.

Die Kapitalwanderungen in Effektenform von Land zu Land beginnen frühzeitig, und zwar 1694, als zahlreiche Anteile der in diesem Jahre gegründeten Bank von England von Kapitalisten und Bankiers in Amsterdam übernommen und an der dortigen Börse gehandelt wurden. Ihre Geschichte gliedert sich in vier große Epochen. In der ersten (1694 bis 1830) wurden ausländische Effekten fast ausschließlich zur Erzielung von Spekulationsgewinnen oder als möglichst sichere hochverzinsliche Kapitalanlage gekauft, vor allem in Holland, das im 18. Jahrhundert weit mehr Kapital in ausländischen Effekten angelegt hatte, als England und Frankreich. Ein Drittel der englischen Staatsanleihen war damals im Besitze holländischer Kapitalisten; englische, französische, österreichische und dreißig Anleihen deutscher Staaten wurden an der Amsterdamer Börse notiert. Die Revolutions- und napoleonischen Kriege zerrütteten indessen Hollands Kapitalreichtum, so daß 1813 England an seine Stelle trat. Es gewährte 1813—1815 den drei finanziell erschöpften Großmächten Rußland, Österreich und Preußen elf Mill. Pfund, den kleineren Staaten 4 Mill. Pfund Subsidien und finanzierte nach dem Kriege nicht nur diese, sondern auch die neugegründeten Staaten in Süd- und Mittelamerika, vor allem aber Nordamerika. Die großen Staaten wie Preußen, das 1818 durch Vermittelung des Londoner Bankhauses N. M. Rothschild & Sons 5 Millionen Pfund dort aufnahm, zahlten 5 Proz., die kleineren Länder 6 Proz., die südamerikanischen Staaten 8—10 Proz. In den dreißig Jahren 1818—1848 wurden fremde Staatsanleihen im Nominalwert von 94,7 Millionen Pfund in England emittiert. Allein in den Jahren 1824 und 1825 kamen über 20 Millionen Pfund Anleihen südamerikanischer Staaten, sowie große Mengen von Montanaktien an die Londoner Börse, eine Überschwemmung, die indessen von der englischen Regierung aus politischen Motiven begünstigt wurde, da sie Spanien durch die finanzielle Stärkung seiner früheren Kolonien schwächte, vor allem aber der von dem Präsidenten der Vereinigten Staaten Monroe in seiner Jahresbotschaft vom 2. Dezember 1823 aufgestellten Doktrin durch Gewinnung wirtschaftlichen Einflusses entgegentreten wollte.

Nach der durch die Überspekulation in südamerikanischen Werten entstandenen Londoner Börsenkrisis von 1825 begann in England, dann in Frankreich, später auch in Deutschland die Zeit des maschinenindustriellen Aufschwungs. Der Dampfwebestuhl fand allgemeine Anwendung im Textilgewerbe, zahlreiche Eisenbahnlinien wurden gebaut, Lokomotiven und Maschinen über den Landesbedarf hinaus fabriziert. In der zweiten Epoche des internationalen Effektenkapitalismus (1830 bis 1891) war die Kapitalausfuhr daher vor allem Schrittmacher der englischen und französischen, nach 1870 der deutschen Industrie, und nur im Rentnerstaate Holland, auch in der Schweiz, sind lediglich Verzinsung und Spekulationsgewinne Triebkräfte der Kapitalausfuhr gewesen. In den Vereinigten Staaten aber ließ der unaufhörlich fließende Strom englischen und holländischen, später auch deutschen Kapitals neue Eisenbahnlinien, Kanalbauten und industrielle Unternehmungen entstehen, deren Anteile, in Europa als Anlage- oder Spekulationspapiere gesucht, zur Bezahlung von Maschinen und Schienen dienten. Aber auch politische, vor allem wirtschaftspolitische Momente haben in dieser Epoche, besonders nach 1848, die Kapitalwanderungen in Effektenform angeregt und in bestimmte Länder geleitet. Napoleon III. unterstützte seine politische Hegemonie in Spanien, Italien, und Mexiko durch eine reichliche Kapitalausfuhr in diese Länder und Deckung ihrer Anleihebedürfnisse. Frankreich, England, nach 1870 Deutschland bemühten sich wetteifernd um die politische und wirtschaftliche Suprematie in der Türkei. Frankreich war nach 1870 der Hauptgläubiger Spaniens und Italiens, bis Deutschland in letzterem Land bei Ausbruch des französisch-italienischen Zollkrieges (1887 bis 1892) teilweise an seine Stelle trat.

Das völlige Zurücktreten der privatwirtschaftlichen, exportindustriellen oder wirtschaftspolitischen Triebkräfte der Kapitalausfuhr, das Vorwiegen reinpolitischer Gesichtspunkte finden wir erst in der 1891 beginnenden dritten Epoche des internationalen Effektenkapitalismus. Ihre Geburtsstunde ist an jenem Julitage des Jahres 1891, an dem Alexander III. auf einem Schiffe des vor Kronstadt ankernden französischen Geschwaders, stehend und entblößten Hauptes, die Marseillaise anhörte. Am 22. August wurde dann in Paris der erste franko-russische Vertrag unterzeichnet, das erste Glied in der Reihe der großen politisch-kapitalistischen Verpflichtungen und Verflechtungen, die zum Weltkriege führten. Die vierte Epoche der internationalen Kapitalwanderungen in Effektenform umfaßt die Zeit des Weltkriegs und des Wiederaufbaus Europas auf Grund des Dawesplans.

3. Ursachen und Wirkungen.

Wie die vorstehenden Ausführungen zeigen, können wir zwei Triebkräfte der Kapitalausfuhr unterscheiden, die privatwirtschaftliche, die sich aus dem kosmopolitischen Charakter des Kapitals ergibt, das gleichsam automatisch dorthin fließt, wo es seinem Besitzer Spekulationsgewinne verheißt, oder ihm bei möglichster Sicherheit eine höhere Verzinsung als in der Heimat gewährt, und die nationalwirtschaftliche, die gerade in den letzten Jahrzehnten, und zwar besonders in Frankreich, zu einem Druck der Regierung auf die Bankwelt geführt hatte, den Kapitalexport nicht lediglich zum Verdienen, sondern auch für die Nation als Schrittmacher politischer und kommerzieller Expansion zu benutzen. Die Möglichkeiten privatwirtschaftlicher Gewinne und Anlagen waren vor dem Kriege so groß und mannigfaltig geworden, daß es der Regierung und Bankwelt der kapitalgebenden Länder auf der Basis der großen internationalen Fondsbörsen ein Leichtes war, die Kapitalausfuhr für exportindustrielle, wirtschaftspolitische und rein politische Zwecke auszunutzen, besonders dann, wenn ein intensiver Warenaustausch, ein ausgedehnter Waren- und Wechselkredit und die hierdurch bedingte genaue Kenntnis der gegenseitigen Verhältnisse als Schrittmacher des Effektenkredits fungierte.

Ein Beispiel für eine nur im exportindustriellen Interesse erfolgte Kapitalausfuhr ist die englische in die Vereinigten Staaten. Besonders 1830—1837 übernahm die Londoner Bankwelt zahlreiche Anteile der dort wie Pilze aus der Erde schießenden Eisenbahn- und Kanalgesellschaften, die damit Lokomotiven, Schienen, Pumpen und Bagger bezahlten. Der Wert der englischen Ausfuhr stieg daher von 5,5 Millionen Pfund 1832 auf 12,4 Millionen Pfund 1836, während an der Londoner Börse 1837 die Anteile von 60 verschiedenen amerikanischen Eisenbahngesellschaften gehandelt wurden.

Politische und wirtschaftliche Ursachen führten Kapital in die Türkei, wo Frankreich durch sein Protektorat über die Christen im Orient wirtschaftlich zuerst Fuß faßte. Als dann die Türkei im Pariser Frieden 1854 als gleichberechtigte Macht anerkannt wurde, übernahmen England und Frankreich größere Anleihen. Später folgte Deutschland, so daß nach Helfferich Anfang 1914 von der türkischen Staatsschuld im Gesamtbetrage von 3227 Millionen Franks 1830 Millionen Franks (58 Proz.) in Frankreich, 660 Mill. Franks (20 Proz.) in Deutschland untergebracht waren. Dagegen ist Deutschland mit 40 Proz. am türkischen Eisenbahnnetz stärker beteiligt, als Frankreich, dessen Anteil nur 20 Proz. beträgt.

Auf rein politischer Grundlage dagegen beruhte die Kapitalausfuhr Frankreichs nach Rußland, die 1889 mit einer durch das Pariser Bankhaus Hoskier emittierten Anleihe einsetzte, als Rußland endgültig eingesehen hatte, daß England, Deutschland und Holland seine Geldbedürfnisse nicht mehr decken wollten bzw. konnten. England hatte 1885 nach dem Einfall Rußlands in Afghanistan den Londoner Geldmarkt weiteren russischen Anleihen gesperrt — erst 1906 beteiligte es sich wieder an einer russischen Anleihe —, Bismarck hatte 1887 die Beleihung russischer Werte durch die Reichsbank und die Seehandlung verboten, während Holland schon für 2 Milliarden russische Staatsanleihen und Eisenbahnobligationen besaß und daher als weiterer Geldgeber nicht in Betracht kam. Durch die Geschicklichkeit des damaligen russischen Finanzministers Wyschnegradski (1887—1893) und seines Nachfolgers Witte (1893—1903), sowie des Finanzagenten bei der russischen Botschaft in Paris Raffalovich wurden aus diesen zuerst rein finanziellen Beziehungen bald wirtschaftspolitische. Deckte doch Frankreich nicht nur jedes Anleihebedürfnis Rußlands, sondern gab auch willig die zur Entwicklung seiner Industrie und zur Intensivierung seiner Landwirtschaft erforderlichen Kapitalien, d. h. die Mittel zur Durchführung des genialen Witteschen Planes, das Zarenreich zu einer in sich völlig abgeschlossenen Riesenvolkswirtschaft (Autarkie) zu machen, ein Plan, den seine Nachfolger nach Beendigung des russisch-japanischen Krieges und der Niederwerfung der Revolution von 1905 wieder aufnahmen.

Inzwischen hatte sich die Kapitalausfuhr Frankreichs von Jahr zu Jahr mehr politisiert, so daß der zum Weltkriege führende circulus vitiosus entstand, dessen einzelne Kettenglieder der mit französischem Geld ausgeführte Bau strategischer Bahnen in Rußland zur Beschäftigung seiner Industrie, das immer enger werdende politische Bündnis zwischen Frankreich und Rußland, das hierdurch bewirkte Wiederaufleben der Revancheidee, die Stimmungsmache für russische Anleihen durch die an ihrem Absatz finanziell interessierte Pariser Presse und Bankwelt waren. Wäre doch Frankreich ohne die gigantische Kapitalausfuhr nach Rußland niemals sein Bundesgenosse, nie wieder ein Faktor der Weltpolitik geworden. Aber während im allgemeinen der Schuldner dem Gläubiger dienstbar wird, geriet Frankreich, das nach und nach für 11 Milliarden Mark russische Staatsanleihen, für 5 Milliarden Mark russische Eisenbahnobligationen und Industriewerte aufgenommen hatte, in immer tiefere Abhängigkeit von Rußland und seiner Politik. Es mußte, wie 1900/1901 die Leipziger Bank für die Trebertrocknungsgesellschaft, immer neue Opfer bringen, zuletzt die Einführung der für das Land wirtschaftlich unerträglichen dreijährigen Dienstzeit, um den Bundesgenossen und damit die ihm gewährten riesigen Summen nicht zu verlieren.

Auch in der Deutschfeindlichkeit der mit französischem, vor allem aber mit englischem Geld groß gewordenen Länder — ich nenne nur Nord- und Südamerika, Japan, Italien und Rumänien — hat sich die Macht effektenkapitalistischer Beziehungen gezeigt. Dasselbe gilt für die Bereitwilligkeit, mit der die englischen Kolonien dem Mutterlande sowohl mit Truppen wie mit Geldmitteln zu Hilfe geeilt sind. Wer an ihren Abfall glaubte, hatte vergessen, daß diese nirgends in der Welt mehr oder billiger Geld bekommen als in London. Die englischen Kapitalanlagen in den Kolonien (1554 Millionen Pfund) erreichten daher vor dem Kriege beinahe die in anderen Ländern angelegten Summen (1638 Millionen Pfund).

Ein Musterbeispiel für die rein wirtschaftlichen Wirkungen der Kapitaleinfuhr sind die Vereinigten Staaten, bis 1914 das typische Land des Importkapitalismus, daß durch die Effektifizierung seiner Eisenbahnlinien und industriellen Unternehmungen große Summen europäischen, vor allem englischen Kapitals an sich gezogen und seine politische Unabhängigkeit bis zum Weltkrieg wenigstens mit finanzieller Abhängigkeit hat bezahlen müssen. 1860 betrug das in amerikanischen Effekten angelegte europäische Kapital 400 Millionen Dollar, 1910 das Dreizehnfache, nämlich 5200 Millionen Dollar, und zwar entfielen auf:

Großbritannien	3344 Millionen Dollar,
Holland	700 Millionen Dollar,
Frankreich	700 Millionen Dollar,
Deutschland	350 Millionen Dollar,
die Schweiz	100 Millionen Dollar,
das übrige Europa	50 Millionen Dollar
	5244 Millionen Dollar.

Dieser gigantischen Kapitaleinfuhr vor allem verdankt Nordamerika einen wirtschaftlichen Aufschwung, der an Raschheit und Intensität den der drei anderen hochkapitalistischen Volkswirtschaften — Deutschland, England und Frankreich — weit hinter sich ließ. In den fünfundfünfzig Jahren 1860—1915 stieg sein Nationalvermögen von 16160 Mill. Dollar auf 187739 Millionen Dollar, auf den Kopf von 510 Dollar auf 1950 Dollar. Die Union mußte freilich diesen unbändigen Aufschwung mit der finanziellen Abhängigkeit von Europa honorieren. Erst der Weltkrieg brachte mit dem Übergang zur Kapitalausfuhr die Befreiung von dieser Abhängigkeit. Die Folge war die Stabilisierung des

New Yorker Wechselkurses als Grundlage eines von London unabhängigen Geldverkehrs für Nord- und Südamerika, finanzielle und kommerzielle Durchführung der Monroedoktrin, vor allem die kapitalistische Herrschgewalt am Stillen Ozean, d. h. in Südamerika und Ostasien.

Der Kampf aller gegen alle in der alten Welt schaffte indessen nicht allein die Vorbedingungen dieser Machterweiterung, sie fanden sich im Lande selbst. Das Mißverhältnis zwischen Kapitalbedarf und Kapitalbildung, das zu der Krisis von 1907 geführt (vergleiche mein 1912 bei Gustav Fischer in Jena erschienenes Buch: „Die New Yorker Fondsbörse [Stock Exchange]. Ihre Geschichte, Verfassung und wirtschaftliche Bedeutung"), hatte schon vor dem Kriege infolge der seit acht Jahren herrschenden Stagnation des Wirtschaftslebens einerseits, der Intensivierung der Landwirtschaft andrerseits einer starken Kapitalansammlung Platz gemacht. Das im November 1914 in Kraft getretene Bundesreservegesetz hatte die Unelastizität des Notenumlaufs beseitigt, das Akzeptgeschäft und damit einen amerikanischen Markt in- und ausländischer Diskonten ermöglicht und den Nationalbanken die Errichtung von Filialen im Ausland erlaubt. Die am 15. August 1914 erfolgte Eröffnung des Panamakanals aber näherte den stillen Ozean der industrie- und volksreichen Ostküste der Union.

4. Der Einfluß des Weltkrieges auf den internationalen Effektenkapitalismus.

In der vierten Epoche des internationalen Effektenkapitalismus, deren Ende zurzeit nicht abzusehen ist, haben sich die Gruppen der kapitalein- und ausführenden Länder unter dem Einfluß des Weltkrieges stark verändert. Frankreich hört auf, der Bankier der Welt zu sein. Auch Deutschland war nur noch im Kriege selbst imstande, seinen beiden Bundesgenossen, Österreich-Ungarn und der Türkei Kredite in Anleiheform zu geben; ebenso scheidet Belgien aus der Zahl der Kapitalexporteure aus. Auch Rußland hat an den internationalen Kapitalbewegungen in Effektenform keinen Anteil mehr. Nur England, Holland und die Schweiz beteiligen sich weiter an der Kapitalausfuhr, freilich nicht mehr in demselben Umfang, wie vor 1914. Japan, und besonders Spanien, das neutral geblieben ist und daraus wirtschaftlich große Vorteile gezogen hat, treten, wenn auch erst zaghaft, in den Kreis der kapitalausführenden Länder. Nordamerika aber wird der mächtigste Geldgeber der Welt; es finanziert nicht nur einen großen Teil des Weltkriegs, sondern ermöglicht auch den Wiederaufbau Europas, vor allem Deutschlands, für das der von dem Vizepräsidenten der Vereinigten Staaten Dawes aufgestellte und später von allen Beteiligten angenommene sogenannte Dawes-Plan den Weg zum Wiederaufstieg freimacht.

Erster Abschnitt. Die Kapitaleinfuhr bis zum Weltkrieg.

1. Der wirtschaftliche Aufstieg der Vereinigten Staaten.

Von den vier größten kapitalistischen Volkswirtschaften England, Deutschland, Frankreich und Nordamerika hat zweifellos das letztgenannte Land wirtschaftlich den raschesten Aufstieg genommen. Das ergeben schon die folgenden Zahlen:

	Nationalvermögen in Millionen Dollar	Bevölkerung in Millionen	Auf den Kopf der Bevölkerung
1860	16 160	31,5	510 Dollar
1870	30 069	38,5	777 „
1880	43 612	50,2	870 „
1890	65 037	62,6	1039 „
1900	94 300	76,3	1236 „
1912	186 300	94	1950 „
1922	320 803	109,3	2918 „

	Zunahme des Nationalvermögens in Prozenten
1860—1870	86,8 %
1870—1880	42 %
1880—1890	53,3 %
1890—1900	45 %
1900—1912	34,7 %
1912—1922	72,2 %

In den fünfzig Jahren 1860—1910 hat sich das Nationalvermögen der Union verzwölffacht, eine Zunahme, wie sie in dem gleichen Zeitraum weder in England noch in Frankreich stattgefunden hat[1]). Girardin schätzte das französische Volksvermögen 1853 auf 125, Théry 1908 auf

[1]) Für Deutschland liegen nur Schätzungen für die Zeit vor dem Kriege vor. Steinmann-Bucher bezifferte das damalige deutsche Volksvermögen auf 350, Ballod auf 270, Rießer auf 219—230, Helfferich auf 300 Milliarden Mark.

287 Milliarden Franks. Der Nationalreichtum Großbritanniens wurde 1857 im Bankers' Magazine auf 6000 Millionen £ taxiert, während eine vor dem Kriege aufgestellte Schätzung Cramonds[1]) auf 18 000 Millionen £ geht. Der Verdoppelung des französischen, der Verdreifachung des englischen steht also die Verzwölffachung des nordamerikanischen Volksvermögens in dem Zeitraum 1860—1910 gegenüber.

Die riesenhafte wirtschaftliche Expansion der Union in den letzten Jahrzehnten ergiebt auch die folgende Einzelstatistik:

Wert der industriellen Produkte.

1849	1 019	Millionen Dollar
1860	1 886	„ „
1880	5 370	„ „
1890	9 372	„ „
1900	13 004	„ „
1910	21 847	„ „
1922	28 422	„ „

Die enorm rasche Entwicklung Nordamerikas zu einer hochkapitalistischen Volkswirtschaft beruht weniger auf den natürlichen Hilfsquellen des Landes, die auch andern hinter den Vereinigten Staaten zurückgebliebenen Ländern zu eigen waren, als auf der fabelhaft intensiven Ausnutzung dieser Quellen durch Einwanderer und Kapital aus Europa[2]).

In den hundert Jahren von 1821—1921 sind 33,2 Mill. Menschen in die Vereinigten Staaten gewandert. Davon kamen aus:

Großbritannien	8,5 Millionen
Deutschland	5,5 „
Österreich-Ungarn	4 „
Italien	4,4 „
Rußland	3,4 „
Skandinavien	2,2 „
den übrigen europäischen Ländern	5,2 „
	33,2 Millionen

[1]) Edgar Crammond, Finance in Time of War. Quarterly Review. Bd. 213 (Juli 1910) S. 303—329.

Die Annahme Crammonds deckt sich mit derjenigen Giffens, der das englische Nationalvermögen 1901 auf 15 000 Millionen und den jährlichen Zuwachs auf 200—300 Millionen £ schätzt.

Sir Robert Giffen, The Expenditure of National Capital. Journal of the Institute of Bankers. Bd. 22. (1901). S. 259.

[2]) Bis 1914 bilden die Ziffern der Kapitaleinfuhr aus Europa, der Einwanderung, der Bevölkerung, der Eisenbahnmeilenzahl und des Nationalvermögens fünf ständig ansteigende parallele Kurven.

In dieser Zahl sind zwei große Gruppen enthalten, die 16,2 Millionen Einwanderer aus England, Deutschland und Skandinavien, die ihre Heimat im Glauben an die eigene Kraft im fernen Lande aufgaben, aufbauende und führende Elemente im Wirtschaftsleben der neuen Welt wurden, und die italienischen und slawischen Einwanderer aus Österreich-Ungarn und Rußland, die ihr Land aus Hunger und Not verließen und zum größten Teil ungeschulte Arbeitskräfte sind und bleiben.

Während, wenigstens seit 1821, genaue Ziffern über die Zahl der Einwanderer vorliegen, sind die Summen europäischen Kapitals, die im Laufe der Zeiten in die Vereinigten Staaten geströmt sind, nur schätzungsweise zu ermitteln, da zuverlässige statistische Angaben nur über die in den Vereinigten Staaten eingeführten, bzw. aus ihnen ausgeführten Edelmetalle vorliegen. Wie hoch die Kredite gewesen sind, die Europa, besonders England, in den letzten hundert bis hundertfünfzig Jahren den Vereinigten Staaten in der Form von Effekten, Edelmetallen, Banknoten, Wechseln, Checks, sowie An- und Überweisungen gewährt hat, ist kaum zu schätzen. Es sind enorme Beträge gewesen! Und doch sind sie gering im Vergleich zu den durch die Effektifizierung der Eisenbahnlinien und industriellen Unternehmungen ins Land gewanderten Kapitalien. Auch ihr Betrag ist ziffernmäßig nicht festzustellen, da einmal nie bekannt wird, wieviel von den in Europa untergebrachten Effektenemissionen im Lande geblieben bzw. dorthin wieder zurückgeströmt ist, dann aber der in Europa befindliche Gesamtbetrag amerikanischer Fonds außerordentlich großen Schwankungen unterworfen ist. Zwar ist der kleine zu Anlagezwecken gekaufte Betrag ein ziemlich konstanter; um so wechselnder ist die Summe der teils im spekulativen Interesse, teils im Wege der internationalen Effektenarbitrage zwischen den großen europäischen Fondsbörsen und der Stock Exchange in New York ständig hin- und hergeschobenen Werte. Indessen gibt die Tatsache, daß sie an den großen Fondsbörsen in London, Paris, Amsterdam, Berlin, Frankfurt a./M., den kleineren in Basel und Zürich, umgesetzt werden, eine weit zuverlässigere Basis für die Schätzung der amerikanischen Effektenschuld an Europa, als die Wechselkurse in New York dies für die Bezifferung der europäischen Kredite tun. Dazu kommt die Emissionsstatistik der erwähnten Börsen und die von den internationalen Bankhäusern, die an amerikanischen Werten interessiert sind, gelieferten Zahlen, die in Finanz- und Börsenzeitschriften zu finden sind. Ob die Effekten als Anlage- oder spekulativer Besitz gekauft, als Ausgleich für die Lieferung von Eisenbahnmaterial und Maschinen oder aber als abstraktes Zahlungsmittel nach Europa gekommen sind, ist naturgemäß nicht festzustellen, so daß nur die Effektenschuld der Union an sich in den Kreis unserer Betrachtungen gezogen werden kann.

Muß sich daher die folgende Darstellung zum großen Teil auf schätzungsweise ermittelte Zahlen beschränken, so findet sie ihre Rechtfertigung in dem Umstand, daß Nordamerika bis zum Weltkrieg ein Musterbeispiel für die passive Seite des internationalen Effektenkapitalismus, danach für das Gegenteil ist. Während England, Deutschland und Frankreich fast ihr gesamtes Kapital im eigenen Lande geschaffen haben, hat die Union einen großen Teil ihres Kapitals aus der alten Welt bezogen und ihre politische Unabhängigkeit, wenigstens in den ersten hundert Jahren ihres Bestehens, mit finanzieller Abhängigkeit bezahlen müssen.

2. 1776—1812.

Wie in jeder jüngeren Kolonie beruhte die wirtschaftliche Entwicklung Nordamerikas zuerst auf dem Zufluß von Menschen und Kapitalien aus dem Mutterlande. Schon Ende des siebzehnten Jahrhunderts zählte es 260 000 britische Untertanen, fünfzig Jahre später war es eine Million. Von den 3 929 000 Menschen, die die erste Volkszählung 1790 ergab, hatte die Hälfte englisches Blut. Welche Werte Großbritannien an Maschinen und Geräten, Zuchtvieh und Pferden, Lebensmitteln und barem Gelde in die junge Kolonie steckte, ist nicht einmal schätzungsweise zu ermitteln.

Die Kolonisation des Landes ging rein geschäftsmäßig vor sich, denn die für jede Expedition erforderlichen Mittel wurden durch Ausgabe von Aktien aufgebracht, die man bezeichnender Weise „bills of adventure“ nannte. Die ersten beiden Kolonialgesellschaften wurden 1606 gegründet[1]). Auch späterhin galt Nordamerika nur als Ertragsobjekt, und als die Erwerbung Indiens und der siebenjährige Krieg so ungeheure Aufwendungen erfordert hatten, daß die Gesamtsumme der englischen Kriegsanleihen 1763 auf 140 Mill. £ gestiegen war, suchte man möglichst viel aus dem jungen Lande herauszuschlagen. Der Einfuhrhandel war britischen Schiffen vorbehalten, die Ausfuhr war nur nach englischen Häfen erlaubt, die in den Anfängen steckende industrielle

[1]) Katherine Coman, Industrial History of the United States. S. 23 ff.

Produktion wurde gehemmt, während die Einfuhrzölle eine unerträgliche Höhe erreichten.

In der am 4. Juli 1776 erfolgten Unabhängigkeitserklärung riß sich die Kolonie vom Mutterlande los. Sie hatte weder Staatsschatz noch Flotte und war daher zur Aufrechterhaltung ihrer Selbständigkeit auf europäisches Kapital angewiesen. Denn die 1775 und 1776 vor der Unabhängigskeitserklärung ausgegebenen Noten fielen rasch unter Pari, während eine im Oktober 1776 ausgegebene vierprozentige Anleihe von 5 Millionen Dollar keine Abnehmer fand. Der Kredit des Landes war noch zu unsicher, um mit einer so geringen Verzinsung heimische oder fremde Kapitalisten heranzuziehen. So begann die Einfuhr europäischer Kapitalien gegen Gewährung von Effekten, die seitdem nie wieder aufgehört und Milliarden von Dollar in die Vereinigten Staaten gebracht hat.

Der Geschicklichkeit Benjamin Franklins gelang es, in Frankreich, Holland und Spanien Anleihen abzuschließen. Die beiden letzteren Staaten wollten den von England monopolisierten Einfuhrhandel an sich reißen, die Franzosen aber sich an England für den 1763 abgeschlossenen, ungünstigen Frieden rächen. Frankreich gewährte daher das weitaus größte Darlehn, von 1777—1783 6,3 Millionen Dollar, während Holland 1782 und 1783 nur 1,3 Millionen, Spanien 1781 und 1782 nur 174 000 Dollar gaben. Mit Ausnahme eines Postens von 10 Millionen Franks vierprozentiger, in Frankreich untergebrachter Staatsanleihe betrug der Zinsfuß 5 %. Nach Beendigung des Unabhängigkeitskrieges, am 1. Januar 1784 waren von dem Gesamtbetrag der Staatsschuld in Höhe von 42 Millionen Dollar 7,9 Millionen Dollar im Besitz ausländischer Kapitalisten. Die jährliche Zinslast für die letztgenannte Summe belief sich auf 375 000 Dollar [1]).

Als Frankreich 1783 keine Anleihen mehr aufnehmen wollte, sprang Holland ein, das von da ab mit kurzen Unterbrechungen der finanzielle Verbündete der Vereinigten Staaten geblieben ist. Kein anderes europäisches Volk hat so früh die unbegrenzten Möglichkeiten Nordamerikas erkannt, sein Wirtschaftsleben so eingehend studiert. 1785 gewährte Holland der nordamerikanischen Regierung ein Darlehn von 7 Millionen Gulden, 1786 übernahmen holländische Bankiers einen großen Teil der für das Inland emittierten aber dort nicht abgesetzten Anleihe, freilich weit unter Pari [2]). 1787 wurde eine Anleihe von 1 Million Gulden

[1]) D. R. Dewey, Financial History of the United States. S. 47.

[2]) Ein einzelner Bankier Stanetski nahm 1,8 Millionen Dollar davon auf. Hobson, the export of capital. S. 93.

in Holland untergebracht. Daß ihr Zinsfuß 8 % betrug, beweist die prekäre Lage, in der sich damals die amerikanischen Finanzen befanden[1]. 1792 und 1793 wurde der Connecticut River Canal, der erste größere Kanal der Union, mit holländischem Gelde erbaut[2]. 1793 erfolgte die französische Invasion der Niederlande, 1795 die Zahlung von 40 Millionen Gulden Kriegskontribution an die französische Republik, so daß die holländischen Kapitalisten, die gleichzeitig große Verluste durch die Insolvenz der holländisch-ostindischen Kompagnie erlitten hatten, ihr Geld im Lande brauchten und der Union erst 1815 wieder neue Kapitalien zuführten.

1790 betrugen die Anleihen und rückständigen Zinsen der Einzelstaaten 25 Mill., der Union 51,6 Mill. Dollar. Von dem letzteren Betrage hatten Frankreich, Holland und Spanien zusammen 11,6 Millionen Dollar zu fordern. In den folgenden Jahren vermehrte sich die Staatsschuld der Vereinigten Staaten nur wenig. 1803 betrug sie 60,3 Mill. Dollar. Sie wuchs in diesem Jahre durch den an Frankreich gezahlten Kaufpreis für Louisiana um 15 Millionen auf 75,3 Millionen Dollar. Hiervon waren 32 Millionen Dollar in europäischem Besitz[3]. Auf Grund der günstigen Entwicklung von Landwirtschaft, Handel und Industrie gelang es indessen der Union, schon im ersten Jahrzehnt des neuen Jahrhunderts die Staatsschuld zu vermindern, so daß sie 1811 nur 11 Millionen Dollar betrug. Infolge der Handelskrisis von 1814 und des Krieges gegen England (18. Juni 1812 bis 24. Dezember 1814) stieg sie dann freilich wieder schnell. Sie belief sich 1816 auf 123 Millionen Dollar.

Beim Ausbruch des Krieges gegen England war es der Union zum erstenmal unmöglich, ihren Geldbedarf in Europa zu decken. Außer in London hätte dies nur in Paris oder Amsterdam geschehen können. Frankreich aber rüstete gegen Rußland, während die holländischen Kapitalisten verärgert waren, weil die damals abgelaufene Konzession der 1791 gegründeten Ersten Bank der Vereinigten Staaten nicht erneuert worden war, so daß die holländischen und englischen Aktionäre, die 4/5 des 10 Millionen Dollar betragenden Aktienkapitals besaßen, ihren Besitz mit großem Verlust liquidieren mußten. Die Vereinigten Staaten waren

---

[1]) Albert S. Bolles, Financial History of the United States. Bd. 1. S. 355.

[2]) Frederick A. Cleveland and Fred Wilbur Powell, Railroad Promotion and Capitalisation in the United States. S. 40.

[3]) Albert S. Bolles, Financial History of the United States Bd. 2. S. 30, 59 und 60.

daher gezwungen, sich die zur Kriegsführung erforderlichen Mittel durch Ausgabe von Schatzamtsnoten und siebenprozentigen, zu 80 emittierten Anleihen im Inlande zu verschaffen.

3. 1812—1837.

Sobald England die Unabhängigkeit der Vereinigten Staaten anerkannt hatte (1782), setzte dort eine freilich nur geringe Nachfrage nach amerikanischen Staatsanleihen ein, die aber dann mit dem schwindenden Haß gegen die abgefallene Kolonie ständig wuchs[1]). Da die Anleihen, abgesehen von der Anlagesicherheit, eine gute Verzinsung brachten, wurden sie an der Londoner Börse schon gehandelt, ehe sie 1811 auf dem offiziellen Kurszettel erschienen, der am 15. Januar 1811 die folgenden Notierungen amerikanischer Werte brachte:

Dreiprozentige Anleihe	65
Alte sechsprozentige Anleihe	101
Neue sechsprozentige Anleihe	—
Aktien der Ersten Bank der Vereinigten Staaten	107
Sechsprozentige Louisiana[2]) Anleihe	105

Schon in demselben Jahre entwickelte sich ein direkter Effektenhandel mit New York. Am 8. Oktober 1811 brachte der offizielle Kurszettel gleichzeitig die Londoner und die freilich sechs Wochen zurückliegenden New Yorker Kurse. Nachdem der Krieg zwischen England und den Vereinigten Staaten zu einem zeitweiligen Aufhören der Notierungen amerikanischer Papiere in London und der Effektentransaktionen mit New York geführt hatte, begann Anfang 1816 der Handel in amerikanischen Papieren von neuem. Die Aktien der 1811 eingegangenen Ersten Bank der Vereinigten Staaten waren freilich vom Kurszettel verschwunden. Dagegen war die siebenprozentige, zur Aufbringung der Kriegskosten zuerst nur im Lande emittierte Staatsanleihe hinzugekommen.

Kaum war die erwähnte Bank, die als staatliche Notenbank die übermäßige Notenausgabe anderer Banken zu verhindern gewußt hatte, 1812 wegen Nichterneuerung ihrer Konzession in Liquidation getreten, als eine große Anzahl

[1]) Der durchschnittliche Betrag amerikanischer Staatsanleihen in europäischen Händen belief sich in den Jahren 1789—1820 auf 20 Millionen Dollar. Worthy P. Sterns, The Beginnings of American Financial Independence. Journal of Political Economy. Bd. VI (1818). S. 197.

[2]) Von dem an Frankreich 1803 für Louisiana zu zahlenden Kaufpreis von 15 Millionen Dollar konnte das Schatzamt nur 4 Millionen Dollar aufbringen. Für den Rest wurde eine sechsprozentige, fünfzehn Jahre laufende Anleihe ausgegeben. Sie verschwand 1818 vom Londoner Kurszettel.

von Notenbanken zweifelhafter Natur in der Union entstand. Ihre Zahl stieg von 88 im Jahre 1811 auf 126 im Jahre 1815, ihr durch keine gesetzlichen Vorschriften gehemmter Notenumlauf wuchs in derselben Zeit von 22,7 auf 110 Millionen Dollar, so daß viele dieser Noten nur mit einem Disagio von 20—50 % in Zahlung genommen wurden. Diesen ungesunden Verhältnissen beschloß die Regierung durch Gründung einer neuen Bundesbank ein Ende zu machen. Im Jahre 1816 wurde die Zweite Bank der Vereinigten Staaten errichtet, und zwar mit einem Kapital von 35 Millionen Dollar, von dem die Regierung ein Fünftel übernahm. Zur Heranziehung europäischen Kapitals wurde die Agentur der Bank in London der Firma Baring Brothers & Co. dort übertragen. Sie übernahm es nicht nur, einen Teil der Aktien in London und Amsterdam unterzubringen, sondern gewährte der Bank, auch in den ersten Jahren ihres Bestehens so reichlich Kredit, daß diese ihr 1819 9 Millionen, 1823 5 Millionen Dollar schuldete [1].

Im Gegensatz zu ihrer Vorgängerin, der Ersten Bank der Vereinigten Staaten, beschränkte die Zweite Bank der Vereinigten Staaten ihr Geschäft nicht auf das reguläre Bankgeschäft des Inlandes, sondern suchte durch ihre Beziehungen in London europäische Gelder heranzuziehen. Sie brachte zuerst Anleihen der Einzelstaaten und der großen Städte an die Londoner Börse, so daß sich 1822 folgende Posten amerikanischer Effekten in europäischen Händen befanden [2]:

Anleihen der Union	27,9 Mill. D.
Aktien der Ersten Bank der Vereinigten Staaten	3,2 „ „
Anleihen der Einzelstaaten	2,0 „ „
Anteile von Staatsbanken und Versicherungsgesellschaften	3,0 „ „
	36,1 Mill. D.

Der Londoner Kurszettel vom 4. Januar 1825 wies die folgenden amerikanischen Werte auf:

Anleihen der Vereinigten Staaten.

dreiprozentige	80
vierundeinhalbprozentige	—
fünfprozentige	—
sechsprozentige	99

[1]) American State Papers on Finance, Bd. 11. S. 468.

[2]) North American Review. Bd. 17 (Juli 1823) Anonymer Artikel: Debts of the United States to Foreign Countries.

Anleihen der Einzelstaaten.

New York fünfprozentige 1837	—
New York fünfprozentige 1845	—
New York sechsprozentige 1837	—
New York sechsprozentige 1845	—
Pennsylvania fünfprozentige 1841	—
Virginia sechsprozentige 1844	—
Louisiana fünfprozentige 1834	105
Louisiana fünfprozentige 1839	106
Louisiana fünfprozentige 1844	107
Louisiana fünfprozentige 1849	108

Kommunalanleihen.

New York fünfprozentige 1850	—
New Orleans siebenprozentige 1834	112

Aktien.

Aktien der Zweiten Bank der Vereinigten Staaten	24 £ 12 s. 6 d.

Von den Anleihen der Vereinigten Staaten wurden zehn Jahre später 1835 nur noch die fünfprozentigen (Kurs am 2. Jan. 1835 92) in London notiert, da der enorme, von 1820—1837 dauernde Aufschwung des gesamten Wirtschaftslebens die Union in den Stand gesetzt hatte, ihre Staatsschuld erheblich zu verringern. Sie betrug:

1816	123	Millionen Dollar
1820	91	„ „
1830	48	„ „
1832	24	„ „

und war am ersten Januar 1835 bis auf 0,37 Millionen Dollar getilgt.

Dagegen nahm die Zahl der in London gehandelten Anleihen der Einzelstaaten erheblich zu. 1825 waren es zehn Anleihen vier verschiedener Staaten, 1835 siebzehn neun verschiedener Staaten, und zwar von Alabama, Indiana, Illinois, Louisiana, Missisippi, New York, Ohio, Pennsylvania, und Virginia. Der Nominalbetrag dieser Anleihen belief sich auf insgesamt 36,5 Millionen Dollar. Dazu kamen fünf Kommunalanleihen der Städte New York, Philadelphia, Baltimore und New Orleans.

Nach Beendigung des Krieges gegen England waren zahlreiche neue Unternehmungen in der Union ins Leben gerufen, und ihre Anteile zur Notierung an die 1817 gegründete Effektenbörse in New York gebracht. Während 1818 erst neunundzwanzig verschiedene Wertpapiere an ihr gehandelt wurden, waren es im Januar 1827 schon zweiundvierzig, außer acht verschiedenen Staats- und Kommunalanleihen, zwölf Bankaktien, die Anteile von neunzehn See- und Feuerversicherungsgesellschaften und die Aktien verschiedener Kanal- und Gasgesellschaften. Schon vor Gründung der Eisenbahngesellschaften waren Aktiengesellschaften zum Bau von Chausseen und Kanälen ins Leben gerufen, und Agenten zur Unterbringung ihrer Anteile in Deutschland, England, Holland und Frankreich herumgeschickt worden. 1830 wurde die erste Eisenbahnaktie an die New Yorker Börse gebracht. Es waren die Anteile der Mohawk- und Hudsonbahn, die 1869 mit der New Yorker Zentralbahn verschmolzen wurde. Bald darauf wurden die Aktien der jetzt noch bestehenden Baltimore and Ohio Eisenbahn emittiert, die schon damals ein viel umgesetztes Spekulationspapier waren; etwas später die Anteile der mit englischem Kapital und von englischen Ingenieuren gebauten Eriebahn und der Atlantic und Great Western Bahn. Von 1830—1837 stand die Stock Exchange in New York völlig unter dem Einfluß der Neugründungen zahlreicher Eisenbahngesellschaften, deren Netz mit Hilfe englischer und holländischer Kapitalien in dem Jahrzehnt 1830—1840 von 95 auf 2818 Meilen wuchs und das europäische schon damals an Länge übertraf[1]). Der Umstand, daß die amerikanische Staatsschuld beinah getilgt, der Wert des Außenhandels in den sieben Jahren 1830—1837 von 133 auf 300 Millionen Dollar gestiegen, die Einwohnerzahl von 12,9 Millionen 1830 auf 17,1 Millionen 1840 gewachsen war[2]), hatte die europäischen Kapitalistenkreise verlockt, sich an zahlreichen, neugegründeten Gesellschaften zu beteiligen. 1836 soll die Effektenschuld der Vereinigten Staaten an Europa 100 Millionen, 1837 150 Millionen Dollar betragen haben[3]). Die erste Bank, deren alleiniger Zweck die Unterbringung amerikanischer Werte in Europa war, wurde 1836 mit einem Kapital von 1 Million £ gegründet. Es war die British Bank of North America, die 1843 eine Filiale in New York errichtete. Die ersten Eisenbahnanteile auf dem Londoner Kurszettel (1834) waren die fünf- und sechsprozentigen bonds der Camden & Amboy-Eisenbahn. Ihnen folgte bald die Obligationen der Reading-Lehigh-

---

[1]) Kurt Freiherr von Reibnitz, die New Yorker Fondsbörse (Stock Exchange). S. 6 ff.

[2]) Das Aktienkapital der nordamerikanischen Banken stieg von 1830—1837 von 110 Millionen Dollar auf 225 Millionen Dollar.

[3]) W. G. Summer, The History of Banking in the United States. S. 267.

Richmond-New Jersey-Harrisburg- und der Lancaster-Eisenbahngesellschaft. Schon 1837 wurden an der Londoner Börse die Anteile von sechzig verschiedenen Eisenbahngesellschaften im Werte von 150 Millionen Dollar gehandelt. „Yankee Rails“ waren ein beliebtes Spekulationspapier geworden, mit deren Umsatz 6—7 broker ausschließlich beschäftigt waren[1]). Von andern Gesellschaften finden wir die folgenden auf dem Londoner Kurszettel:

Bankaktien.

Name	Kapital
Zweite Bank der Ver. Staaten	35,00 Mill. D.
Louisiana Bank	4,00 „ „
Bank von New Orleans	0,45 „ „
Louisiana Staatsbank	1,25 „ „
New Orleans Commercial and Banking Co.	4,00 „ „
New Orleans City Bank	1,00 „ „

Aktien verschiedener Unternehmungen

New York Life and Trust Co.
Tennessee Planters
Missisippi Planters
New Jersey Canal Co.

Aber auch zahlreiche nur an den Fondsbörsen in Philadelphia und New York gehandelte Effekten kamen in europäischen Besitz, da ein Teil des in den sieben Jahren vor der Krisis (1830—1837) betragenden Überschusses der Einfuhr über die Ausfuhr (140 Millionen Dollar) mit amerikanischen Effekten beglichen wurde. Auf diese Weise gelangten so viel Anteile der Zweiten Bank der Vereinigten Staaten nach England, daß 1838 neun Zehntel ihres Aktienkapitals in den Händen britischer Kapitalisten war.

Die Krisis, die der englische Geldmarkt 1825 infolge der übertriebenen Spekulation in südamerikanischen Werten und des Staatsbankerotts aller südamerikanischen Staaten durchmachte, hatte den New Yorker Geldmarkt nur wenig berührt, da damals die spekulativen Übertreibungen der späteren Jahre fehlten, und noch nicht so viel englisches Kapital in die Vereinigten Staaten geströmt war, wie von 1830—1837, wo 300 Millionen Dollar teils gegen Effekten, teils als Kredit ins Land kamen und die Gründung immer neuer Unternehmungen ermöglichten. Mit schrankenlosem Optimismus wurden ungeheure Summen in Weizen- oder Baumwollfarmen, Fabriken, Eisenbahn-, Kanal- und Schiff-

[1]) Charles Duguid, The Story of the Stock Exchange. S. 246 ff.

fahrtsgesellschaften gesteckt. Trotzdem sich jeder sagen mußte, daß die darin angelegten Summen, wenn nicht Jahrzehnte, so doch Jahre ertraglos bleiben würden, spekulierte man an den Börsen in New York, Philadelphia, London und Amsterdam eifrig in ihren Anteilen, deren Kurs auch die phantastischsten Zukunftschancen diskontierte.

Der europäische Kapitalstrom war indessen nicht unerschöpflich. Von 1818—1838 wurden für 94,7 Mill. £ fremde Staatsanleihen in England emittiert. Dazu kam, daß gerade in den dreißiger Jahren in England zahlreiche Eisenbahngesellschaften und industrielle Unternehmungen gegründet wurden. Betrug doch der Nominalwert der in den Jahren 1834—1836 in Großbritannien emittierten Aktien und Obligationen 111,7 Millionen £, von denen 69,6 Mill. auf Eisenbahnen, 23,8 Millionen auf Banken, 7,6 Millionen auf Versicherungsgesellschaften, 7 Millionen auf Bergwerke, und 3,7 Millionen auf Kanalgesellschaften entfielen [1]).

Eine weitere Inanspruchnahme des englischen Geldmarktes bewirkten die berufsmäßigen Spekulanten, die sich mit demselben Eifer auf die Anteile heimischer Unternehmungen wie 1825 auf die südamerikanischen Werte warfen. Als daher die Bank von England ihren Diskontsatz von 4 % im Mai 1836 auf 5 % im September dieses Jahres erhöhte, wurden zahlreiche englische Guthaben in New York gekündigt, wo schon von Beginn des Jahres 1836 an eine starke Kreditanspannung bestanden hatte. Die Entziehung des englischen Kapitals verschlechterte den Status der New Yorker Banken so, daß sie am 10. Mai 1837 gezwungen waren, die Barzahlungen einzustellen. Ihnen folgten alle andern Banken des Landes.

Die Einstellung der Barzahlungen, die bis um die Mitte des Jahres 1838 dauerte, war der Beginn einer bis 1842 dauernden Stagnation des gesamten Wirtschaftslebens der Union. Der Wert der amerikanischen Effekten war durchschnittlich um 40—60 % gesunken. Zahlreiche Eisenbahn- und Kanalgesellschaften gerieten in Konkurs, verschiedene Einzelstaaten, deren Anleihen in London notiert wurden, mußten die Zahlungen der Anleihezinsen einstellen. Darunter befand sich Pennsylvania, in das damals 16 Millionen Dollar europäisches Kapital geflossen waren. Der Gesamtverlust der nordamerikanischen Kapitalisten wird auf 440 Millionen Dollar beziffert, ein Viertel davon war in Kanalbauten untergegangen [2]).

---

[1]) Leone Levi, History of the British Commerce. S. 229.
[2]) Juglar, Des crises commerciales. S. 465 u. 467.

Ungeheuer waren die Einbußen Englands, das die wirtschaftlichen Aussichten und Möglichkeiten Nordamerikas weit überschätzt hatte. Welch große Kredite die englische Bankwelt New Yorker Handels- und Bankhäusern gewährt hatte, ergibt die Tatsache, daß sechs Londoner Bankhäuser und eine Firma in Liverpool, deren Gesamtkappital nur 2 Millionen £ betrug, allein im Jahre 1836 für über 15 Millionen £ amerikanische Wechsel akzeptiert hatten[1]). Der Verlust englischer Kapitalisten an amerikanischen Effekten betrug 130 Millionen Dollar, der Verlust englischer Exporthäuser 30 Millionen Dollar. Weit größer indessen war der Schaden, den die englische Handelswelt dadurch erlitt, daß die Ausfuhr ihrer Fabrikate in die Union infolge der gesunkenen Kaufkraft der dortigen Bevölkerung von 12 Millionen £ 1836 auf 4,7 Millionen £ 1837 fiel.

4. 1837—1857.

Die großen, in der amerikanischen Krisis von 1837 erlittenen Verluste hatten die englischen Kapitalisten amerikamüde gemacht; der heftige Feldzug, den die englische Presse damals gegen amerikanische Werte führte, fand seinen Nährboden weniger in den erlittenen Verlusten als in dem durch die finanziellen Machenschaften der Einzelstaaten erschütterten Vertrauen. Hatte schon die Einstellung des Zinsendienstes der in London emittierten Anleihen verschiedener Einzelstaaten, z. B. Pennsylvanias, unliebsam an den Staatsbankrott der südamerikanischen Republiken erinnert, der die englische Krisis von 1825 herbeigeführt hatte, so verstärkte sich das Mißtrauen der englischen Kapitalisten noch, als die gesetzgebende Körperschaft des Staates Missisippi, der 5 Millionen Dollar bei der Insolvenz einer Bank verloren hatte, auf Anraten seines Gouverneurs beschloß, einen Formfehler bei der Emission der in London untergebrachten Staatsanleihen zu benutzen, um ihre Einlösung zu verweigern. Diesem Beispiel folgte Florida, so daß die Times die Finanzwirtschaft der nordamerikanischen Einzelstaaten als „one vast swindling shop" brandmarkte. Da die Konstitution der Vereinigten Staaten der Bundesregierung keine Handhabe zum Einschreiten bot, und auch eine 1843 eingebrachte Gesetzesvorlage, wonach die Union für die Staatsschulden der Einzelstaaten eintreten sollte, im Kongreß abgelehnt wurde, fanden diese in England kaum mehr Abnehmer für ihre Anleihen[2]). Wenn trotzdem

[1]) Edinburgh Review, 1836. The Crisis in American Trade.
[2]) Francis W. Hirst, Credit of Nations. S. 134.

der an der Londoner Börse notierte Gesamtbetrag von 36 Millionen Dollar 1836 auf 70 Millionen Dollar 1845 stieg — Maryland, Massasuchets, Kentucky, Michigan, South Carolina, Tennessee und Florida waren hinzugekommen — so beruhte das auf der Internationalität der Londoner Börse, an der holländische, französische und deutsche Kapitalisten schon damals zahlreiche ausländische Werte kauften.

Auch Eisenbahnobligationen fanden nicht mehr so viele Abnehmer in London wie vor der Krisis von 1837, da das englische Kapital eine bessere und sicherere Verwendung in den Anteilen der Eisenbahngesellschaften gefunden hatte, die damals in großer Menge in England und auf dem Kontinent gegründet worden waren. 1844 wurden daher nur noch die bonds von zwei nordamerikanischen Eisenbahngesellschaften auf dem Londoner Kurszettel notiert, 2 Mill. Dollar sechsprozentiger Obligationen der Camden & Amboy Eisenbahn und 1 Million Dollar sechsprozentiger Obligationen der Philadelphia & Reading Linie.

Die Zurückhaltung europäischen Kapitals in dem Jahrzehnt 1840—1850 bewirkte eine solche Stabilisierung des auf sich angewiesenen amerikanischen Wirtschaftslebens, daß es von der Krisis der alten Welt im Jahre 1848 kaum berührt wurde. Erst die anfangs der fünfziger Jahre einsetzende Hausseperiode, eine Folge der Entdeckung der großen kalifornischen Goldfelder, führte zu einer erneuten Einfuhr europäischen Kapitals. Nach der Krisis von 1848 herrschte ein solcher Kapitalüberfluß in England, daß sich der Bankdiskont lange Zeit auf $1^1/_2$—2 % hielt, und die dreiprozentigen englischen Konsols auf 107 stiegen. Da sich inzwischen auch die finanziellen Verhältnisse der Einzelstaaten konsolidiert hatten, fanden ihre fünf- und sechsprozentigen Anleihen wieder Abnehmer in England. Auch große Posten Kommunalanleihen, besonders von New York und Boston, wurden dort untergebracht. Nach dem Bankers' Magazine New York waren 1852 für 260 Millionen Dollar amerikanische Effekten in Europa; daß der größte Teil hiervon Staats- und Städteanleihen war, ergibt ein im folgenden Jahre erschienener special report des Schatzsekretärs, der auf den Angaben von 222 Eisenbahngesellschaften beruhte und die 1853 in Europa befindlichen amerikanischen Eisenbahnanteile auf 36 Millionen Dollar bonds und 7 Millionen Dollar Aktien bezifferte[1]). Von 1849—1854 sollen für 500 Millionen Dollar amerikanische

---

[1]) Frederick A. Cleveland and Fred Wilbur Powell, Railroad Promotion and Capitalisation in the United States. S. 196.

Effekten nach Europa gekommen sein, während England 1850—1860 für 400 Millionen Dollar davon erwarb[1]). Der nach Holland gelangte Betrag ist nicht bekannt, doch steht fest, daß große dort vorgenommene Ankäufe in sechsprozentigen Staatsanleihen der Union ihren Kurs auf 103 steigen ließen. Befördert wurde die Kapitaleinfuhr dieser Jahre durch die starke Zunahme der europäischen Einwanderung.

Zahl der Einwanderer.

1845	114 000
1846	154 000
1847	235 000
1848	227 000
1849	297 000
1850	370 000
1851	379 000
1852	372 000
1853	367 000
1854	428 000

Ein Teil der Auswanderer war durch die neuentdeckten Goldfelder angelockt und wollte lediglich rasch reich werden. Der größere Teil dagegen hatte Europa aus politischen Gründen verlassen und suchte eine neue Heimat. Zahlreiche Flüchtlinge aus den revolutionären Bewegungen der Jahre 1848 und 1849 kamen ins Land. Ihnen folgten später politisch Radikale aller Nationen, denen die durch den Staatsstreich Napoleons III. (2. Dez. 1852) in Europa neubefestigte Reaktion den Aufenthalt dort verleidet hatte.

Abgesehen von den teilweise beträchtlichen Kapitalien, die die meisten, den gebildeten Ständen angehörenden, politischen Flüchtlinge und Europamüden mitbrachten, zogen ihre in die Heimat gesandten, begeisterten Berichte über den wirtschaftlichen Aufschwung[2]) und die Zukunftschancen der Vereinigten Staaten große Summen europäischen Kappitals in die Union. Das gilt besonders für Deutschland, dessen Kapitalisten gerade damals eine vor allen revolutionären Stürmen gesicherte Anlage suchten. Das 1848—1860 in amerikanischen Effekten angelegte deutsche Kapital wird auf 150—200 Millionen Dollar geschätzt. Auch Schweizer Kapital kam von 1855 an, wenn auch in geringem Umfange, nach Nordamerika.

---

1) Summer, History of American Currency. S. 170.

2) Der Umfang des Eisenbahnnetzes verdreifachte sich in den Jahren 1851—1859; der Außenhandel stieg von 298 Millionen Dollar 1850 auf 642 Millionen 1857.

Diese Einfuhr deutschen Kapitals beförderten die in den vierziger und fünfziger Jahren in New York gegründeten deutschen Bankhäuser, die seitdem im Mittelpunkt der internationalen Kapitalwanderungen in Effektenform gestanden haben. Joseph Seligman (1819—1886) aus Bayersdorf in der Pfalz war schon 1836 nach New York gekommen. Als Vertreter und auf Veranlassung der Rothschilds in Frankfurt a. M., London, Paris und Wien folgte ihm ein Jahr später August Belmont, der Schönberg hieß und seinen Namen erst später bei seiner Niederlassung in der Union änderte. Sein Geschäft firmierte August Belmont & Co. 1848 gründete Joseph Seligman mit seinen sieben, ihm inzwischen gefolgten Brüdern das Bankhaus J. u. W. Seligman & Co. Das New Yorker Stammhaus führten die Brüder Joseph, Jesse und James, die Londoner Filiale übernahmen Leopold und Isaak Seligman, die Frankfurter Henry und Abraham Seligman, die Pariser Zweigniederlassung wurde William Seligman anvertraut. Eine New Yorker Filiale des bekannten Frankfurter Bankhauses Lazard Speyer-Ellissen wurde 1853 unter der Firma Speyer & Co. von Philipp Speyer, dem Schwiegervater des langjährigen Direktors der Deutschen Bank Arthur von Gwinner, und Gustavus Speyer, dem Vater des jetzigen Chefs des New Yorker Hauses James Speyer und des Sir Edgar Speyer, Baronet und Mitglied des Privy Council[1]), Chefs der seit 1862 bestehenden Londoner Filiale Speyer Brothers, gegründet. Die in Leipzig und New York gleichzeitig etablierte Bankfirma Knauth, Nachod & Kühne entstand 1852. Den Kapitalimport aus der Schweiz vermittelte das Genfer Bankhaus Lombard, Odier & Co., deren New Yorker Vertreter die aus Basel stammenden Iselins waren.

Der starke Zufluß von Menschen und Kapitalien in die Union hatte eine Erschließung weiter Strecken unbewohnten Landes und eine ungeheure Entwicklung des Eisenbahnnetzes zur Folge. Allein in den Jahren 1851—1857 wurden 1000 Millionen Dollar in nordamerikanischen Eisenbahnen investiert, d. h. beinahe dreimal so viel wie von 1830—1851. 433 Millionen hiervon gelangten in Aktienform an die Börse und bildeten den Gegenstand wildester Spekulationen, die sogar den Kurs der durch ganz unwirtliche Gegenden führenden Eisenbahnlinien weit über Pari trieben. Das verführte zahlreiche Spekulanten, Eisenbahnlinien ganz ohne Rücksicht auf ihre Rentabilität zu erbauen, nur um mit einem

---

[1]) Er legte dieses Amt infolge der in englischen Zeitungen gegen ihn eröffneten Deutschenhetze im Kriege nieder und zog nach Boston.

neuen Spielpapier Kursgewinne an der Börse erzielen zu können. Die Mittel für diese Operationen wurden hauptsächlich durch Plazierung von Eisenbahneffekten in London flüssig gemacht.

Schon 1857 sollen für 400 Millionen Dollar Eisenbahnwerte dort untergebracht worden sein[1]). Als dann der Londoner Effektenmarkt übersättigt war, und die weitere Unterbringung amerikanischer Fonds Schwierigkeiten machte, wurden die für die Aufrechterhaltung der spekulativen Hausse erforderlichen Summen durch Wechselkredite beschafft. Englische Bankhäuser akzeptierten die von New Yorker Spekulanten auf sie gezogenen Wechsel, die in London oder New York verkauft wurden. An Zahlungsterminen erfolgte ihre Prolongation, oder aber es wurden andere Wechsel in Zahlung gegeben, ein Modus, der keine Schwierigkeiten machte, so lange sich der englische Geldstand in normalen Grenzen hielt, und das Vertrauen in den Fortbestand der Konjunktur unerschüttert blieb. Als indessen 1857 nur wenig amerikanisches Getreide ausgeführt wurde, und seine Preise infolge der ausgezeichneten Ernte Europas stark fielen, erreichten die New Yorker Wechselkurse einen so ungünstigen Stand, daß die Vereinigten Staaten zur Zahlung des Imports Gold ausführen mußten. Die Erhöhung des englischen Bankdiskonts auf $6^1/_2$ % im April 1857 führte dann zu einer Zurückziehung der englischen Kredite in New York, wodurch die Lage des dortigen Geldmarktes äußerst gespannt wurde. Die am 24. August erfolgte Zahlungseinstellung der Ohio Life Insurance Company, die stark in Eisenbahnaktien spekuliert und große Mengen davon bevorschußt hatte, führte daher eine Börsenpanik herbei. Die der Handelswelt von den Banken gewährten kurzfristigen Kredite wurden gekündigt, so daß zahlreiche Insolvenzen erfolgten, und eine schwere Wirtschaftskrisis ausbrach. 1415 Banken mit einem Kapital von 215 Millionen Dollar fallierten. Große Beträge amerikanischer Werte wurden auf den Markt geworfen, indessen schon nach einem Jahr zu wesentlich niedrigeren Kursen zurückgekauft, als der nur ein Jahr dauernden Depression des Geschäftslebens ein wirtschaftlicher Aufschwung folgte, der bis zum Ausbruch des Sezessionskrieges dauerte. Die Summe amerikanischer Werte in Europa war schon 1861 auf 400 Millionen Dollar gestiegen. Der Ausbruch der Feindlichkeiten zwischen Nord- und Südstaaten vertrieb freilich das auf dem amerikanischen Effektenmarkt angelegte europäische Kapital, und erst die Unterbringung der Kriegsan-

[1]) Hobson, the export of capital. S. 128.

leihen in England, Holland und Deutschland führte einen Teil davon wieder zurück.

5. 1857—1873.

Seit der Losreißung vom Mutterlande (1775—1783) hatte die Union keine Kriegsanleihen mehr in Europa aufgelegt. Die für den Krieg gegen England (1812—1815) erforderlichen Summen hatten, wie schon oben erwähnt ist, im Lande aufgebracht werden müssen. Der für den Krieg gegen Mexiko (1846—1848) gebrauchte Anleihebetrag (50 Millionen Dollar) aber war so gering, daß sich die Inanspruchnahme des europpäischen Kapitalmarktes nicht lohnte. Die durch den Sezessionskrieg (1861—1865) erwachsenden Ausgaben, deren Gesamtbetrag 1906 Millionen Dollar betrug, war indessen zu bedeutend, um im Inlande gedeckt werden zu können.

Die Heranziehung finanziellen Beistandes aus der alten Welt gelang nicht ohne Schwierigkeiten, da die beiden kapitalkräftigsten Länder, England und Frankreich, an den Sieg der Südstaaten glaubten. Dazu kam, daß die drei größten damaligen Machtfaktoren der europäischen Politik gegen die Union waren, Napoleon III, Palmerston und die Times. Von der im Jahre 1861 aufgenommenen Kriegsanleihe von 270 Millionen Dollar konnten daher nur 100 Millionen in Europa untergebracht werden. Sie wurden von Holland und Deutschland, das sich damals zuerst in größerem Maßstab an internationalen Finanzoperationen beteiligte, aufgenommen. Mit dem zunehmenden Kriegsglück der Union wuchs naturgemäß der in europäischen Besitz, teils durch direkte Emission an den Börsen in London, Amsterdam, Wien, Frankfurt a. M. und Berlin, teils durch Aufnahme der nur in New York notierten Anleihen gelangte Teil der amerikanischen Staatsschuld, die bei Ausbruch des Krieges 65 Millionen, nach seiner Beendigung 1866 2773 Millionen Dollar betrug.

Die Unterbringung in England, die am schwierigsten war, weil man die an den Anleihen mancher Einzelstaaten 1837—1843 erlittenen Verluste noch nicht vergessen hatte, andererseits die an die Goldwährung gewöhnten englischen Kapitalisten durch die Einführung des uneinlöslichen Papiergeldes 1864 mißtrauisch geworden waren, besorgten u. a. J. S. Morgan & Co., deren New Yorker Filiale Drexel, Morgan & Co. (jetzt J. P. Morgan & Co.) war, N. M. Rothschild & Sons — ihr New Yorker Vertreter war die Bankfirma A. Belmont & Co. — Seligman Brothers, die Londoner Filiale von J. & W. Seligman & Co. in New York, Morton, Rose & Co., deren New Yorker Zweigniederlassung Morton, Bliß & Co. war, Speyer Brothers, und Jay Cooke, Mc. Cullock & Co. deren New Yorker Stammhaus Jay Cooke & Co. 1873 fallierte und damit die Krisis dieses Jahres zum Ausbruch brachte. Für den Absatz der amerikanischen Staatsanleihen in Deutschland waren hauptsächlich die Frankfurter Rothschilds, sowie die Frankfurter Bankfirmen Lazard Speyer-Ellisen, Seligman & Stettheimer, Filiale des New Yorker Hauses J. & W. Seligmann & Co. und Moritz Budge, deren New Yorker Filiale Budge, Schiff & Co. hieß, tätig. Der Absatz in Holland lag in den Händen der großen Amsterdamer Bankfirma Lippmann, Rosenthal & Co. und verschiedener Firmen ohne internationale Bedeutung.

Das hauptsächlich an den Börsen in London, Amsterdam [1]), Genf [2]), Frankfurt a. M. und Berlin gehandelte amerikanische Staatspapier waren die sechsprozentige 5,20 Anleihe, so genannt, weil die Regierung sich das Recht vorbehalten hatte, die erst nach zwanzig Jahren einzulösende Anleihe schon nach fünf Jahren zu Pari zurückzukaufen. Da sie 6 % Zinsen brachte und zu 56 emittiert wurde, bot sie eine mehr als zehnprozentige (10,7 %) Verzinsung. In den Jahren 1861—1863 sank sie vorübergehend sogar unter diesen Kurs und notierte monatelang zwischen 44, dem tiefsten Stand der Anleihe, und 50. Zahlreiche holländische Kapitalisten erwarben sie zu diesen Kursen, um sie zehn Jahre später mit einem Gewinn von 100 % zu 90 zu verkaufen. Da indessen in Holland große Summen der später wertlos gewordenen Kriegsanleihen der Südstaaten untergebracht waren, schloß die finanzielle Beteiligung der Niederlande als Ganzes ohne Reingewinn ab. Das Gegenteil gilt für Deutschland, besonders für Süddeutschland, dessen wirtschaftlichen Mittelpunkt damals Frankfurt a. M. bildete. Die Zeit der politischen Reaktion 1850—1860 war ein Jahrzehnt enormen wirtschaftlichen Fortschritts, das neue Kapitalien in Deutschland schuf und einen Teil davon in die neue Welt brachte, wo das deutsche Element gerade damals stark vertreten war. Die deutsche Einwanderung in die Union betrug:

1830—1850	587 000
1850—1860	952 000
1860—1870	787 000

[1]) Ludger Brenninkmeyer, Die Amsterdamer Effektenbörse. S. 162 ff.

[2]) Das Emissionshaus der 5,20 Anleihe für die Schweiz war das New Yorker Bankhaus A. Iselin u. Cie. R. Lüscher-Burckhardt, Die Schweizerischen Börsen. S. 17.

Da es in den Südstaaten nicht viel Deutsche gab, die zahlreichen in den Nordstaaten lebenden Deutschen aber in den Heimatsbriefen ihre kriegerische Tüchtigkeit und ihre wirtschaftliche Aussichten nach dem sicheren Siege nicht genug preisen konnten, wurden in Deutschland fast nur Anleihen der Nordstaaten gekauft und enorm an ihnen, besonders in Süddeutschland, verdient. Wenn man bedenkt, daß der weitaus größte Teil der 500 Millionen Dollar betragenden 5,20 Anleihe in den Händen europäischer Kapitalisten war — 1863 sollen schon 100 Millionen Dollar davon in England, 90 Millionen Dollar in Deutschland untergebracht sein — so ist die Annahme, daß von den 2700 Mill. Dollar amerikanischer Anleihen, die 1861—1865 aufgenommen wurden, in letzterem Jahr ungefähr ein Fünftel, d. h. 500—600 Millionen Dollar, im europäischen Besitz gewesen sind, nicht übertrieben.

Den Südstaaten, die große Sympathien in England und Frankreich genossen, wurde der Absatz ihrer Anleihen in Europa weit leichter. Als ein Konsortium, bestehend aus der Pariser Filiale des Bankhauses Erlanger & Co. und den Bankhäusern John Henry Schröder & Co. in London und Amsterdam, sowie Fraser, Trenholm & Co. in Liverpool, im März 1863 fünfzehn Millionen Dollar siebenprozentiger Kriegsanleihe der Südstaaten dem Publikum zu 90 anbot[1]) überzeichnete dieses nicht nur die Anleihe fünfunddreißigmal, sondern trieb den Kurs gleich nach der Zulassung zum Börsenhandel auf 95, so daß das Konsortium, das die Anleihe zu 77 übernommen hatte und den Konföderierten unter Abzug von Spesen und Kommissionsgebühren nur 6,5 Mill. Dollar gezahlt hatte, den ganzen Posten los wurde, und binnen weniger Wochen über $2^1/_2$ Millionen Dollar verdiente. Die Anleihe fiel im Mai 1863 auf 88, im Juli auf 65, im Dezember auf 37 und wurde nach der Besiegung der Südstaaten Makulatur, da die Vereinigten Staaten trotz aller noch vor kurzem erneuten Versuche der Gläubiger ihre Einlösung zum Emissionskurs beharrlich verweigerten[1]).

7500 Millionen Dollar an Werten waren im Sezessionskrieg vernichtet, 2 Millionen Menschen vier Jahre lang jeder nutzbringenden Produktion entzogen worden. Daß sich das Wirtschaftsleben der Union trotzdem so rasch erholte — in dem Jahrzehnt 1860—1870 stieg das Nationalvermögen von 16 auf 30 Milliarden Dollar — ist eine der merkwürdigsten Erscheinungen der modernen Wirtschafts-

[1]) John Christopher Schwab, The Confederate States of America. S. 31—41.

geschichte und einerseits der Elastizität und Energie der Bevölkerung, andererseits den riesigen Kapitalmengen zuzuschreiben, die nach Beendigung des Krieges ins Land strömten.

Während das Interesse Europas an der weiteren Erschließung des Landes, besonders des Westens, stetig wuchs, beschäftigten sich die amerikanischen Geschäftsleute damals mehr mit den in den sechziger Jahren zahlreich entdeckten Bergwerken und Petroleumquellen. 1863—1864 wurden für 600 Millionen Dollar Petroleumaktien, für 225 Millionen Dollar Bergwerksaktien emittiert. Englischen Kapitalisten fiel es daher zu, neue Industriezweige ins Leben zu rufen. Brauereien, Stahlwerke und Dampfmühlen wurden gegründet, neue Dampferlinien entstanden zwischen England und der Union, am 27. Juli 1866 wurde das erste transatlandische Kabel in Gebrauch genommen. Weite Landstrecken wurden durch neue Eisenbahnlinien der Besiedlung europäischer Einwanderer erschlossen, so daß sich die Länge des Eisenbahnnetzes von 1865—1873 verdoppelte[1]. Die Hälfte der hierzu erforderlichen Summen, d. h. 1000 Mill. Dollar, wurden von den Kapitalisten Deutschlands, Hollands und Englands aufgebracht[2].

Letzteres hatte schon unmittelbar nach Beendigung des Sezessionskrieges (9. April 1865) große Posten amerikanischer Eisenbahnobligationen gekauft, darunter $1^1/_2$ Mill. Dollar bonds der Erie-Eisenbahn; gleichzeitig übernahmen J. S. Morgan & Co. 5 Millionen Dollar neu ausgegebener sechsprozentiger, zu Pari rückzahlbarer bonds dieser Bahn zu 70 und boten sie dem englischen Publikum zu 75 an. Etwas später legte dieselbe Firma 13 Millionen Dollar siebenprozentiger, ebenfalls zu Pari rückzahlbarer bonds der Atlantic & Great Western Eisenbahn zu 80 auf, ein Beispiel dafür, daß amerikanische Eisenbahnbonds als risikoreich galten. Aber auch die Anleihen der Einzelstaaten wurden nicht allzuhoch eingeschätzt. Eine 1865 aufgelegte, fünfprozentige Anleihe des Staates Massasuchets, deren Zinsen in Gold in London zahlbar waren, wurde zu 75 emittiert.

46 Millionen £ hatte England in dem Halbjahr April bis Oktober 1865 in brasilianischen, österreichischen und nordamerikanischen Effekten angelegt. Dazu waren dem Kapitalmarkt große Summen entzogen, die englische Bank-

---

[1]) Eisenbahnmeilenzahl: 1865 = 35085; 1873 = 70651.
[2]) Lescure, Des crises générales et périodiques. S. 125. Wirth, Geschichte der Handelskrisen. S. 496.

häuser industriellen Unternehmungen und Importhäusern der Union als Kredite gegeben hatten. Der englische Geldmarkt versteifte sich daher schon im Oktober 1865 so, daß die Bank von England am 28. dieses Monats den Diskontsatz auf 7 % erhöhte. Ungefähr 50 Millionen Dollar der 5,20 Anleihe flossen nach New York zurück, und damit begann die bei jeder europäischen Krisis eintretende Rückwanderung der in Europa befindlichen amerikanischen Effekten, die noch zunahm als der angespannte Geldstand die Diskontrate im Jahre 1866 am 8. Mai auf 8 %, am 11. Mai einem Tag nach dem Zusammenbruch des großen Bankhauses Overend, Gurney & Co. auf 9 % und am 12. Mai auf 10 % steigen ließ, ein Satz, der bis zum 29. August anhielt.

In normalen Zeiten hätte wohl Deutschland einen Teil der in London abgestoßenen Effekten aufnehmen können, unter dem Druck der drohenden kriegerischen Verwicklungen trat indessen auch dort starke Geldknappheit und die Notwendigkeit ein, à tout prix bares Geld zu haben. Wie groß die in London und Frankfurt a. M. auf den Markt geworfenen Beträge amerikanischer Effekten waren — es sollen damals für 600 Millionen Dollar in Europa gewesen sein — läßt sich nicht feststellen. Glücklicherweise herrschte in New York ein leichter Geldstand und Haussestimmung, so daß die dortige Börse die in Europa abgestoßenen Effekten ohne Schwierigkeiten aufnahm, und die Haupteisenbahnwerte, sowie die 5,20 Anleihe vom 5. bis 12. Mai 1866 nur 5 % im Kurs verloren.

Erst nachdem die Bank von England den Diskont von 10 auf 8 % am 29. August, auf 5 % am 7. September 1866 herabgesetzt hatte, fing das englische Publikum wieder an, sich dem vernachlässigten Amerikanermarkt zuzuwenden, um so mehr als die Krisis von 1866 zu einer Stagnation des englischen Wirtschaftslebens und damit andauernd leichtem Geldstand — Mitte 1867 2 % Bankdiskont — geführt hatte, während die Union in eine bis zur Krisis von 1873 dauernde Hausseperiode eingetreten war. Dazu kam, daß das englische Publikum mißtrauisch gegen die heimische Bankwelt geworden war und sein Geld lieber in den Vereinigten Staaten anlegte. Die Hauptspekulationspapiere auf dem Amerikanermarkt der Londoner Börse waren, außer der 5,20 Anleihe der Union [1]), die Aktien der Illinois Central-, der New York Central-, der Reading und Philadelphia-, der Louisville und Nashville-, der Erie- und der Atlan-

[1]) Da auch in Deutschland nach Beendigung des Krieges 1866 eine starke Nachfrage nach der Anleihe herrschte, stieg ihr Kurs in London vom 16.—30. August 1866 von 68 auf 72.

tic und Great Western Eisenbahn. Die größten Umsätze fanden in den beiden letztgenannten Aktien statt, die gerade Ende der sechziger Jahre große Kursschwankungen aufwiesen. Die Atlantic- und Great Western Bahn kam 1867 unter Zwangsverwaltung, um dann reorganisiert zu werden, die Eriebahn in demselben Jahr unter die Kontrolle Jay Goulds, dessen fortgesetzte Ankäufe von Aktien eine große Kurssteigerung herbeiführten. Kurz darauf, im April 1868, wurde indessen bekannt, daß ihre Direktoren 38 Mill. Dollar Aktien heimlich emittiert und in den Handel gebracht hatten. Der Kurs der Erieaktien, der Anfang März noch 77 betragen hatte, sank auf 35 im Laufe des Sommers, so daß die englischen Kapitalisten lange Zeit hindurch bei Neuemissionen amerikanischer Eisenbahnanteile Zurückhaltung übten, und noch drei Jahre später 20 Millionen Dollar bonds der Northers Pacific Bahn in London ohne Abnehmer blieben.

In Holland wurden nach dem Sezessionskrieg vor allem siebenprozentige bonds der Chicago North Western-, der Chicago, Milwaukee und St. Paul- und der Illinois Central Eisenbahn untergebracht, und zwar zu einem durchschnittlichen Emissionskurs von 70. Mit der fortschreitenden Erschließung des Westens stieg dann der Kurs der bonds, die von den holländischen Kapitalisten fast immer mit Gewinn abgestoßen wurden. Dasselbe gilt für Eisenbahnaktien, von denen besonders St. Louis und San Franzisko, Kansas City, Southern Norfolk, sowie Atchison, Topeka und Santa Fe gekauft wurden [1]). Das Hauptspielpapier an der Amsterdamer Börse waren die Erie-Aktien, in denen gleichzeitig auch in London und New York stark spekuliert wurde.

Auch Deutschland nahm schon 1865 größere Mengen amerikanischer Eisenbahnbonds auf, die als Anlage gekauft wurden. Ihr Gesamtbetrag wurde von Commercial and Financial Chronicle Anfang April 1866 auf 200 Mill. Dollar geschätzt. Während des Krieges 1866 nahm dieser Betrag zeitweise ab, um mit der nach dem Kriege eintretenden Geldfülle, die am stärksten im Sommer 1868 war, seinen Höhepunkt zu erreichen. Damals sollen für 500 Mill. Dollar Eisenbahnbonds in Deutschland gewesen sein, eine Summe, die nicht zu hoch erscheint, wenn man bedenkt, daß nach dem Commercial and Financial Chronicle im Juli und August 1868 für 40—45 Millionen Dollar bonds nach Europa verschifft wurden. Dabei ist zu berücksichtigen, daß nur ein kleiner Teil davon nach England ging, das ge-

---

[1]) S. F. van Oss, American Investments. Financial Review of Reviews. Juni 1907.

rade im August 1868 eine 20 Millionen £ Anleihe für Indien emittierte und für amerikanische Werte daher wenig übrig hatte. Ein Teil der Eisenbahnbonds wurde durch amerikanische Agenten vertrieben, die die größeren deutschen und schweizerischen Städte durchzogen[1]). Während es ihnen gelang, in Norddeutschland größere Posten unsicherer bonds unterzubringen, machten sie in Süddeutschland ziemliches Fiasko. Die Frankfurter Zeitung und die Frankfurter Bankiers, die ein besonderes Interesse am amerikanischen Effektenmarkt nahmen, warnten die süddeutsche Kapitalistenwelt vor den Agenten und wiesen sie gleichzeitig auf die Anteile sicherer, gut fundierter Eisenbahngesellschaften hin, deren Coupons zudem in Frankfurt a. M. zahlbar waren. Die an der dortigen Börse hauptsächlich gehandelten bonds waren die sechsprozentigen der:

Kurs März 1869.

Central Pacific-Eisenbahn	77
California-Eisenbahn	80
Missouri-Eisenbahn	72

Die Nachfrage nach amerikanischen Eisenbahnobligationen war auch noch am Anfang des Jahres 1870 eine äußerst rege, da die großen Summen, die damals in Deutschland an der 5,20 Anleihe der Union verdient worden waren, alle amerikanischen Fonds als sichere und gewinnreiche Anlage erscheinen ließen[2]). Die deutschen Kapitalisten vergaßen, daß den amerikanischen Eisenbahnbonds mit Ausnahme der sechsprozentigen, von der Bundesregierung garantierten bonds der Central Pacific Eisenbahn, jede staatliche Zinszahlungsgarantie fehlte, die dagegen sämtlichen, an deutschen Börsen notierten Eisenbahnobligationen anderer Länder zu eigen war. Dazu kam die mangelnde Aufsicht der Regierungen; z. B. erhoben die preußischen Behörden keinerlei Einwendungen, als im Frühjahr 1870 amerikanische Agenten das Land bereisten, um 100 Millionen Dollar der damals im Bau begriffenen Northern Pacific-Eisenbahn, die 1873 zusammenbrach, an den Mann zu bringen.

Ängstlich wurden die deutschen Kapitalisten erst, als 1871 die Zahlungseinstellung der Rockford und Rock Island

[1]) Wirth, Geschichte der Handelskrisen. S. 498.

[2]) Ende März 1870 wurden 2,5 Millionen Dollar siebenprozentige bonds der Chicago und South Western-Eisenbahn (Emissionskurs 76) in Frankfurt a/M. so überzeichnet, daß nur 13% der gezeichneten Beträge berücksichtigt werden konnten.

Eisenbahn erfolgte, deren Obligationen von der Frankfurter Firma Moritz Budge — ihr New Yorker Vertreter war der später reich und berühmt gewordene Jacob H. Schiff, damals Inhaber der Firma Budge, Schiff & Co., dann Chef des Bankhauses Kuhn, Loeb & Co. [1]) — vertrieben worden waren. Kurz darauf wurden auch die bonds der Alabama-Chattanooga Eisenbahn notleidend, da der Staat Alabama die von ihm versprochene Zinsgarantie unerfüllt ließ. Dasselbe Schicksal hatten 1872 die Georgia aid-bonds. Die Verluste des deutschen Publikums wären vielleicht noch größer gewesen, wenn nicht die Frankfurter Zeitung ihre warnende Stimme immer von neuem erhoben hätte. Ein positiver Erfolg war es, daß sie dann 1871 die Unterbringung der $7^3/_{10}$ % bonds der zwei Jahre später zusammengebrochenen Northern Pacific Bahn verhinderte [2]). 1872 wurden in Frankfurt a. M. achtzehn amerikanische Kommunalanleihen und fünfunddreißig verschiedene Gattungen von Eisenbahnbonds notiert.

Im Gegensatz zu den Eisenbahnbonds hat das deutsche Publikum an den nordamerikanischen Staatsanleihen, besonders den sogenannten 5,20, in der sich gleich nach Beendigung des Sezessionskrieges im Frühjahr 1865 ein sehr lebhaftes spekulatives Geschäft an den Börsen von Frankfurt a. M. und Berlin entwickelte, nur verdient. Die Anleihe, die auch in London, Amsterdam und Wien stark umgesetzt wurde und ein internationales Spekulationspapier wie vor 1914 Rio Tinto, Canada, Union Pacific und Steels war, bot außer einer absolut sicheren Verzinsung, die in den Jahren 1865—1870 je nach dem Kurse zwischen 6,6 und 10 % schwankte, beträchtliche Gewinnchancen für die Zukunft.

Die Schätzungen, wieviel von der Staatsschuld der Vereinigten Staaten nach Beendigung des Sezessionskrieges 1865 in europäischen Händen war, wichen naturgemäß erheblich voneinander ab. Das Commercial and Financial Chronicle bezifferte den Betrag im März 1865 auf 500 Millionen Dollar, während Friedrich Kühne, der damalige Chef des Bankhauses Knauth, Nachod und Kühne, zur gleichen Zeit in einem Schreiben an den Schatzsekretär Mc. Cullock hierfür nur 350 Millionen Dollar annahm [3]). Drei Viertel davon waren nach seiner Ansicht in deutschen, bzw. holländischen Händen, ein großer Teil freilich nicht als Anlage, sondern als speku-

---

[1]) Gegründet 1867 von Abraham Kuhn und Salomon Loeb.
[2]) Geschichte der Frankfurter Zeitung. S. 232.
[3]) E. P. Oberholtzer, Jay Cooke, Financier of the Civil War. S. 513.

lativer Besitz. Welche enorme Mengen der 5,20 Anleihe nach dem Sezessionskrieg nach Europa kamen, ergibt die Tatsache, daß nach dem Commercial and Financial Chronicle in einer Woche (7.—14. Juli 1865) für 4 Millionen Dollar, während des ganzen Monats Juli 1865 für 7 Mill. Dollar nach Europa verschifft wurden, und zwar 2 Mill. nach Deutschland. Anfang April 1866 war der weitaus größte Teil der Anleihe im Besitz europäischer Kapitalisten. 200 Millionen Dollar sollen in deutschen, 50 Millionen Dollar in englischen Händen gewesen sein. Als dann Mitte April 1866 die Furcht vor einem Kriege zwischen Österreich und Preußen zur Liquidation zahlreicher spekulativer Engagements führte, gingen von Mitte April bis Mitte Mai 10 Mill. Dollar der 5,20 Anleihe in die Union zurück. Die Leichtigkeit indessen, mit der die New Yorker Börse sie aufnahm, veranlaßte die europäische Bankwelt, sie als hochverzinsliche, und doch leicht realisierbare Reserve für den Kriegsfall wieder zu kaufen. 15 Millionen Dollar der Anleihe flossen daher binnen kurzem nach Europa zurück [1]). Ein Teil dieser Rückkäufe ist freilich auf das Konto ängstlicher Kapitalisten zu setzen, die ihre deutschen und österreichischen Staatsanleihen verkauften, und dafür die der Union erwarben. Im ganzen genommen sind jedenfalls vor und während des Krieges 1866 mehr amerikanische Staatsanleihen in Europa gekauft als verkauft worden.

Auch nach dem Wiener Frieden verminderte sich die Nachfrage nach ihnen nicht. Die Verhandlungen über die Luxemburger Frage 1867 ließen kriegerische Verwicklungen zwischen Frankreich und Preußen, ja zwischen allen europäischen Großmächten, wahrscheinlich erscheinen, so daß die Anlage in amerikanischen Staatsanleihen als die einzig risikolose galt, um so mehr, als die im November 1868 erfolgte Wahl des Generals Grant zum Präsidenten der Vereinigten Staaten und das Gesetz, das die Uneinlöslichkeit des Papiergeldes beseitigte, eine fortschreitende Stabilisierung ihres Wirtschaftslebens zu gewährleisten schienen. Die langsame Kursbesserung der 5,20 Anleihe ergibt folgende Tabelle:

Kurs in London.

1. Januar 1866	65
18. Juni 1866	65
16. Juli 1866	68

[1]) Allein in der Woche vom 1.—8. Juli 1866 sandten die deutschen Bankiers in New York für 4 Millionen Dollar nach Frankfurt a./M.

30. August 1866	73
30. März 1867	76
28. Februar 1869	83
23. August 1869	84
2. Januar 1870	87[1]
1. März 1870	89
1. Juli 1870	90

Nach der Erklärung des deutsch-französischen Krieges am 23. Juli 1870 fiel die Anleihe infolge der Liquidation großer, spekulativer Engagements auf 78. Der Kurs erholte sich indessen rasch wieder, da die europäische Bankwelt die Anleihe, wie schon 1866, als ebenso sichere wie leicht realisierbare Anlage betrachtete und in London große Summen darin anlegte.

Kurs der sog. 5,20 Anleihe in London[2]).

1. Juli 1870	90
23. Juli 1870	78
29. Juli 1870	83
6. August 1870	85
20. August 1870	89
10. September 1870	90
8. Oktober 1870	92

Im Jahre 1871 schwankte die 5,20 Anleihe zwischen 91 und 93 und erreichte damit eine Höhe und Stabilität des Kurses, die ihr allmähliges Verschwinden aus dem Kreise der großen internationalen Spekulationspapiere herbeiführte. Nach 1871 wurden amerikanische Staatsanleihen nur noch als Anlagepapier betrachtet. Das galt auch für die im September 1871 in England, Deutschland und Holland — ein kleiner Betrag wurde in Frankreich aufgenommen — untergebrachte, fünfprozentige funded loan der Union, die als sicheres Anlagepapier von der deutschen Kapitalistenwelt auch während der Krisis von 1873 nicht abgestoßen wurde[3]). Im September 1873 waren 17 Millionen Dollar davon in deutschem Besitz.

---

[1]) Die amerikanische Regierung kaufte vom 1. Mai bis 1. Dezember 1869 für 75 Millionen Dollar zurück.

[2]) Die Kurse in Berlin, Frankfurt a/M. und Amsterdam waren ungefähr dieselben.

[3]) Das zur Unterbringung der Staatsanleihen der Union bestehende ständige Konsortium, unserem sog. Preußenkonsortium vergleichbar,

Rückgang der Staatsschuld der Vereinigten Staaten.

1870	2331	Millionen Dollar
1880	1919	„ „
1890	852	„ „
1902	925	„ „
1912	963	„ „

Von 1880—1890 hat die Union alle Kriegsanleihen getilgt, von 1895 ab ihre Staatsschuld nur noch im Inland plaziert. Da vor dem Weltkrieg drei Viertel ihrer Staatsschuld aus zweiprozentigen Konsols bestanden, kam sie damals nicht mal mehr als Anlagepapier für europäische Kapitalisten in Betracht. Die Herkunft der in ihren Händen befindlichen Beträge, deren Summe 1902 bei einer Gesamtstaatsschuld von 783 Millionen 3,4 Millionen Dollar betrug, ist wohl zum größten Teil auf amerikanische Nachlässe zurückzuführen [1]).

Die gesamte Effektenschuld der Vereinigten Staaten an Europa nach dem Sezessionskrieg ist naturgemäß nur schätzungsweise zu ermitteln. Nach dem Commercial and Financial Chronicle waren im April 1866 für 600 Mill. Dollar amerikanischer Effekten in Europa, und zwar:

5,20 Anleihe der Ver. Staaten	350 Mill. D.
Anleihe der Einzelstaaten und Städte	150 „ „
Eisenbahnaktien	48,8 „ „
Eisenbahnobligationen	50,7 „ „
	599,5 Mill. D.

Der Kurswert in Gold betrug freilich nur 348,6 Mill. Dollar.

Zweiundeinhalb Jahr später, im September 1868, wurde die Summe der in Europa untergebrachten amerikanischen Effekten von derselben Finanzzeitschrift auf 938 Millionen Dollar geschätzt, nämlich:

Anleihen der Ver. Staaten	700 Mill. D.
Anleihen der Einzelstaaten	60 „ „
Eisenbahnaktien	56 „ „
Eisenbahnobligationen	93,5 „ „
Aktien verschiedener Gesellschaften	28,9 „ „
	938,4 Mill. D.

---

bestand aus den Bankfirmen N. M. Rotschild & Sons, J. S. Morgan & Co., Seligman Bros, Morton, Rose & Co. in London und A. Belmont & Co., Drexel, Morgan & Co., J. u. W. Seligman & Co. und Morton, Bliss & Co. in New York.

[1]) Annual Report of the United States Treasury for 1902.

Der Kurswert in Gold belief sich auf 525 Millionen Dollar.

Die Gesamtsumme der zwischen 1861 und 1868 in Europa untergebrachten Effekten bezifferte Dewey[1]) auf 1500 Millionen Dollar. Ein Ende Dezember 1869 erstatteter offizieller Bericht[2]) schätzte die Summe der in europäischen Händen befindlichen Staatsanleihen auf 1000 Millionen, die der übrigen Werte auf 365 Millionen Dollar. Die einzelnen Effektenbeträge wurden wie folgt beziffert[3]):

1. Anleihen der Union.

5 % 1871 u. 1874	15 Mill. D.
6 % 1881	90 „ „
5,20 1862	380 „ „
5,20 1864	30 „ „
5,20 1865	320 „ „
5,20 1867	120 „ „
versch. Anleihen	45 „ „
	1000 Mill. D.

2. Übrige Effekten.

Anleihen der Einzelstaaten	100 Mill. D.
Kommunalanleihen	7,5 „ „
Eisenbahnaktien	113 „ „
Eisenbahnbonds	130 „ „
Bergwerksanteile	10 „ „
Verschiedene Aktien und Obligationen	5 „ „
	365,5 Mill. D.

Man könnte sowohl die 1868 mit 700 Millionen, 1869 mit 1000 Millionen Dollar eingesetzte Summe der in Europa befindlichen amerikanischen Staatsanleihen für zu hoch halten, wenn man nicht bedächte, daß sie in Europa gerade 1868 und 1869, Jahre, in denen Geldfülle herrschte, stark begehrt waren. Berichtet doch das Commercial and Financial Chronicle, daß im Sommer 1869 während zweier Monate (Juli und August) für 25—30 Millionen Dollar Anleihen der Union nach Europa gesandt wurden.

Trotzdem die Totalsumme der in Europa untergebrachten Effekten schon 1870 1400 Millionen Dollar betrug, traten die amerikanischen Bankiers mit immer neuen Kapi-

---

[1]) D. R. Dewey, Financial History of the United States. S. 371.

[2]) David A. Wells, Special Commissioner of the Revenue. Report to the Congress vom 20. December 1869.

[3]) Hobson, the export of capital. S. 133/134.

talansprüchen an die Geldmärkte der alten Welt heran. Von den 700 Millionen Dollar, die in den drei Jahren 1870, 1871 und 1872 in die Eisenbahnen der Union gesteckt wurden, brachte Europa ein Drittel auf. Allein im Jahr 1872 wurden für 126 Millionen Dollar Aktien und Obligationen nordamerikanischer Eisenbahngesellschaften und industrieller Unternehmungen an europäischen Börsen eingeführt. Sie fanden indessen nicht mehr die warme Aufnahme im Publikum wie in den sechziger Jahren.

Einmal brauchte Europa [1]), besonders Deutschland [2]), selbst große Summen zur Finanzierung der ungeheuren industriellen Expansion dieser Jahre, dann aber hatten verschiedene Mißstände im amerikanischen Geschäftsleben die europäischen Kapitalisten mißtrauisch gemacht. In England und Holland fiel es unliebsam auf, daß die Eriebahn — die Emission gefälschter Aktien seitens der Direktoren im April 1868 ist oben erwähnt worden — von 1868—1872 ihr Aktienkapital zu ausschließlich spekulativen Zwecken von 17 auf 78 Millionen Dollar erhöhte. Deutschland machte die schon besprochenen verlustreichen Erfahrungen mit den bonds der Rockford und Rock Island-Bahn, der Alabama-Chattanooga-Bahn, sowie den Georgia aid-bonds. Frankreich aber, das damals nur wenig Kapital in den Vereinigten Staaten angelegt hatte, wurde von der weiteren Investierung dadurch abgeschreckt, daß die Memphis, El Paso und Pacific Eisenbahn, deren Anteile in Paris verkauft worden waren, in ihrem Prospekt fälschlich behauptet hatte, Garantien und Landschenkungen von der nordamerikanischen Regierung zu besitzen. Allgemein bedenklich aber machte die vorgenommene Verwässerung des Aktienkapitals fast aller Eisenbahngesellschaften. In den zwei Jahren 1867 bis 1869 erhöhten 28 Eisenbahngesellschaften ihr Kapital um 40 %, d. h. von 287 Millionen auf 400 Millionen Dollar.

Vorsichtige Kapitalisten in England, Deutschland und Holland stießen daher ihre amerikanischen Effekten von Anfang 1871 an ab, so daß diese Länder im November 1871 nur noch 800 Millionen Dollar, d. h. ca. 565 Millionen

---

[1]) Effektenemissionen in Europa in Millionen Francs nach Laveleye:

1871	9 550
1872	12 641
1873	10 097
1874	4 211
1875	1 705

[2]) Im November 1871 wurden an der Berliner Börse in 14 Tagen für 64 Millionen Taler Aktien emittiert. Im Jahr 1872 wurden in Preußen 493 Aktiengesellschaften mit einem Kapital von 1521,4 Millionen Mark gegründet.

weniger als 1869 davon besaßen. Ende 1872 wurde Amerikas Effektenschuld an England nur noch auf 125 Millionen Dollar geschätzt, 85 Millionen davon waren Staats- und Kommunalanleihen, sowie Eisenbahnbonds, 40 Millionen Eisenbahnaktien. Anfang 1873 mißglückte sogar die Unterbringung von 300 Millionen Dollar fünfprozentiger Staatsanleihe der Union in London.

Inzwischen waren soviel neue Eisenbahnlinien in der Union in Angriff genommen worden, daß ihre Fertigstellung und Inbetriebnahme mindestens 900—1000 Millionen Dollar erforderte. Sie zu beschaffen stieß auf Schwierigkeiten, da die Erträgnisse der schon vollendeten Linien weit hinter den Erwartungen zurückblieben, und es in Europa trotz der vorteilhaftesten Bedingungen schon 1872 unmöglich war, amerikanische Eisenbahnobligationen abzusetzen. Dasselbe galt für den heimischen Kapitalmarkt, trotzdem zahlreiche Gesellschaften, denen Bankkredite nicht mehr gewährt wurden, auf ihren Erlös zur Fortsetzung ihrer Arbeiten und Zahlung ihrer Obligationenzinsen angewiesen waren. Die Folge war, daß verschiedene kleine Gesellschaften die Zahlung ihrer Obligationenzinsen einstellen mußten. Das erweckte neues Mißtrauen und zwang die Bankhäuser, die die großen Eisenbahngesellschaften finanzierten, sich die für den Betrieb, bzw. den Weiterbau nötigen Mittel durch Finanzwechsel und Lombardierung von Eisenbahneffekten zu verschaffen. Hierdurch wurden dem Geldmarkt soviel flüssige Mittel entzogen, daß tägliches Geld sowohl im September 1872, als auch im März 1873 auf 180 % stieg. Schon im Frühjahr 1873 glaubte man, daß sich neue Kapitalien nicht mehr beschaffen lassen würden, und eine Krisis unvermeidlich wäre. Indessen schöpfte man neue Hoffnung als die Wiener Börsenpanik vom 9. Mai 1873, die den plötzlichen Verkauf von 100 Millionen Dollar amerikanischer Effekten bewirkte, die New Yorker Börse nur wenig beeinflußte, und es im Juni einigen Eisenbahngesellschaften gelang, sich durch den Verkauf ihrer bonds an europäischen Börsen neue Mittel zu verschaffen. Erst als im September, am 8., 13. und 18. verschiedene große Bankfirmen, darunter die Firma Jay Cooke & Co., deren Inhaber Jay Cooke jahrelang Finanzier der Bundesregierung gewesen war, ihre Zahlungen einstellten, brach die Krisis aus. Innerhalb von drei Tagen wurden achtundzwanzig Bankfirmen, eine Bank und eine Trustgesellschaft und dreiunddreißig broker Bankrott. Dreiundachtzig neugegründete Eisenbahngesellschaften mit einem Gesamtkapital von 250 Millionen Dollar stellten die Zahlungen ihrer Obligationenzinsen ein. An der New Yorker Fondsbörse entstand am 20. September eine so starke Kursderoute, daß der Präsident und der Verwaltungsrat der Börse diese bis zum 30. September schlossen. Der Krisis des Geldmarktes und der Börse folgte eine tiefe Depression des amerikanischen Wirtschaftslebens, deren Nachwehen erst 1877 überwunden waren. Die durch die amerikanische Krisis 1873 erlittenen Verluste europäischer Kapitalisten wurden auf 600 Millionen Dollar geschätzt. Der Hauptanteil hiervon entfiel auf Deutschland.

6. 1873—1893.

Von allen von der Weltkrisis 1873 mitgenommenen Volkswirtschaften hatte Deutschland am meisten gelitten. Als Absatzgebiet amerikanischer Effekten kam es daher in den Jahren 1873—1880 in nennenswerter Weise nicht in Betracht. England dagegen, das von der ersten großen Krisis der kapitalistischen Welt 1857 stark mitgenommen worden war, wurde durch die zweite Weltkrisis 1873 nur wenig berührt. Einmal waren die Nachwirkungen der auf England beschränkt gebliebenen Wirtschaftskrisis 1866 Anfang der siebziger Jahre noch so bedeutend, daß zwar die Stagnation des Wirtschaftslebens, nicht aber die Zurückhaltung der Bankwelt gewichen war, dann aber waren seine Verluste in der amerikanischen Krisis 1873 nicht allzu große, da es fast nur Obligationen gut fundierter Gesellschaften besaß, die entweder ihre Zinsen weiter zahlten, oder aber als zukunftsreicher Anlagebesitz gelten konnten. Andere, von den Wirkungen der Weltkrisis verhältnismäßig verschont gebliebene Länder waren Frankreich und Holland. Doch war ersteres durch den Krieg 1870/71 und die an Deutschland gezahlte Kriegsentschädigung von 5 Milliarden Franks wirtschaftlich so geschwächt, daß es selbst auf den Kapitalimport angewiesen war. Der Rentnerstaat Holland aber hat sich seit der Tulpenmanie 1634 und dem Lawschen Missisippi-Schwindel 1719 von allen übertriebenen Spekulationen fern gehalten.

Für die Einfuhr europäischen Kapitals in die Vereinigten Staaten gegen Übernahme von Effekten kamen daher nach 1873 nur England und Holland in Betracht. England benutzte nicht nur die nach der Panik im September 1873 stark gesunkenen Kurse guter Obligationen zu größeren Ankäufen, sondern übernahm schon im Jahre 1874 für 70 Millionen Dollar [1]) bonds verschiedener Eisenbahngesell-

---

[1]) Zusammengerechnet aus den im Commercial and Financial Chronicle aufgeführten Emissionen.

schaften. Die 1872/73 an südamerikanischen Eisenbahnwerten erlittenen Verluste — 49,2 Millionen £ auf ein nach dem Emissionskurs berechnetes Kapital von 179 Millionen £ — lenkten Englands Aufmerksamkeit von neuem auf die Obligationen nordamerikanischer Eisenbahngesellschaften, die eine 2—3 % höhere Verzinsung als die heimischen vierprozentigen brachten. Dazu kam, daß bei fast jeder Gesellschaft verschiedene Gattungen ausgegeben waren, so daß der Kapitalist die Auswahl nach Sicherheit, Zinsfuß und Kurs hatte.

Wie die englischen so hatten auch die holländischen Kapitalisten einen großen Teil guter bonds, die sie während der Krisis 1873 durchhielten. Sie benutzten nicht nur die in diesem Jahre stark gesunkenen Kurse zu großen Ankäufen, sondern nahmen auch verschiedene Posten von Eisenbahnobligationen direkt auf, u. a. 10 Millionen Dollar sechsprozentiger Goldbonds der Philadelphia und Reading Bahn und 20 Millionen Dollar der Chicago, Milwaukee und St. Paul-, sowie der Central Pacific Bahn. Ende Dezember 1873 sollen nach dem Bankers' Magazine New York 160 Mill. Dollar Aktien und Obligationen nordamerikanischer Eisenbahn- und Industriegesellschaften, ferner 100 Millionen Dollar Staats- und Kommunalanleihen in Holland untergebracht gewesen sein [1]). Der Betrag an Aktien und Obligationen nahm in den folgenden zwei Jahren etwas ab, denn im Januar 1876 wurde ihr Betrag von derselben Finanzzeitschrift auf nur 136 Millionen Dollar beziffert. 66,5 Millionen Dollar hiervon waren ohne Zinsertrag.

Die Summe der 1875 in Europa befindlichen amerikanischen Effekten wurde von Bankers' Magazine New York auf 1300 Millionen Dollar geschätzt. Da in Deutschland, Österreich-Ungarn, Frankreich und der Schweiz damals nur geringe Beträge amerikanischer Werte waren, fiel der Hauptteil dieser Summe auf Großbritannien, dessen Besitz ungefähr 900 Millionen Dollar betragen haben mag. Nahm doch der Absatz amerikanischer Werte in England 1875 und 1876 enorm zu, da englische Kapitalisten gerade damals (April 1875 bis April 1876) 63 Millionen £ an türkischen und 28 Millionen £ an ägyptischen und peruanischen Werten verloren hatten und sich deshalb mehr denn je den vertrauenswürdigeren Anlagen der Union zuwandten. Der Absatz amerikanischer Emissionen ließ erst nach, als die Philadelphia und Readingbahn Anfang 1877 ihre Obliga-

[1]) Die Zahl der an den Amsterdamer Börsen notierten Eisenbahnwerte der Union betrug 1865 8, 1875 63, 1885 98. Ludger Brenninkmeyer, Die Amsterdamer Effektenbörse. S. 164.

tionenzinsen nicht mehr zahlte, und das Publikum bei dieser Gelegenheit von der Finanzpresse darauf aufmerksam gemacht wurde, daß von den im Ausland abgesetzten amerikanischen bonds 65 %, von den in der Union selbst untergebrachten nur 14 % ohne Zinsertrag waren. Später tat dann die Verschlechterung der nordamerikanischen Währungsverhältnisse (Erklärung des Standard Silberdollars zum unbeschränkt gesetzlichen Zahlungsmittel, herbeigeführt durch die Bland Allison Bill vom 15. Februar 1878) ihre Wirkung.

Erheblich besser gestaltete sich die allgemeine Börsenlage, als die vorzüglichen Ernten der Jahre 1878, 1879, 1880 den Eisenbahnen so große Erträge brachten, daß auch die vor der Krisis auf ungesunder Basis gegründeten Gesellschaften imstande waren, sich zu konsolidieren und die Zinszahlung ihrer Obligationen aufzunehmen. Die glänzenden Ernteergebnisse des Jahrfünfts 1876—1881, denen schlechte oder mäßige in Europa gegenüber standen, ließen den Überschuß der Ausfuhr über die Einfuhr zu einer solchen Höhe wachsen, daß die vom 1. Januar 1879 ab eintretende Einlösung sämtlicher von der Regierung ausgegebener Banknoten in Gold zu Pari ebensowenig Schwierigkeiten machte wie der allmähliche Rückkauf, bzw. die 1880 vorgenommene Konvertierung der in Europa untergebrachten sechsprozentigen Anleihen der Union in vierundeinhalbprozentige. Beide Maßnahmen stärkten das Vertrauen in die wirtschaftliche Zukunft der Vereinigten Staaten so, daß die durch den Rückkauf frei gewordenen englischen, deutschen und holländischen Kapitalien dort blieben und in sieben- oder achtprozentigen bonds amerikanischer Eisenbahnen angelegt wurden, z. B. denen der Chicago und Northwestern-, Chicago, Milwaukee und St. Paul-, Illinois Central-, Great-Northern-, Norfolk und Western-, Central Pacific-, Union Pacific-, sowie der Missouri, Kansas- und Texas-Eisenbahnen[1]). Da ihr Emissionskurs in der Regel nur 75 bis 85 betrug, gewährten sie eine zehnprozentige Verzinsung. First mortgage gold bonds freilich brachten wegen ihrer absoluten Sicherheit nur 6 %, bei erstklassigen Gesellschaften wie der Pennsylvania-Eisenbahn sogar nur 4½ %. Auch deutsche Kapitalisten fingen damals wieder an, amerikanische bonds zu kaufen, hauptsächlich weil Deutschland infolge der industriellen Stagnation nach der Krisis 1873 nur wenig hochverzinsliche Werte aufwies. Eine offizielle

---

[1]) Charles F. Speare, Selling American bonds in Europe. Annals of the American Academy of Political and Social Science. Bd. 30, Nr. 2. S. 77—91.

Notierung amerikanischer Werte fand damals in Frankfurt a. M. zwar nicht statt, um so mehr florierte der freie Markt, gerade wie in Amsterdam und London, wo eine lebhafte, später durch den billigen Geldstand (Ende 1880 2 %) geförderte Spekulation in amerikanischen Eisenbahnaktien schon Ende 1879 wieder einsetzte. Ein Haussemoment für die dortige Spekulation waren die von 1878 bis 1883 steigenden Dividenden der großen Eisenbahngesellschaften [1]) und die zwischen ihnen abgeschlossenen Frachtratenkonventionen, deren erste im Dezember 1878 zu Stande kam. Die hauptsächlichsten Umsätze fanden in den Aktien der Chicago, Milwaukee und St. Paul-, der Erie-, der Illinois Central-, der Philadelphia und Reading-, der Pennsylvania- und der New York Central-Bahn statt.

Unterbrochen wurde die lebhafte Spekulation in „Yankee Rails“ erst, als die am 20. Januar 1882 erfolgte Zahlungseinstellung der Union Générale in Paris die Liquidierung fast aller spekulativer Engagements und damit große Abgaben in amerikanischen Effekten herbeiführte. Zwar belebte sich der Amerikanermarkt in London Ende 1882 von neuem, indessen mahnten die unsicheren Währungsverhältnisse der Union, deren Goldwährung seit dem Bland-Allisongesetz (15. Februar 1878) in wachsendem Maße hinkend geworden war, zur Zurückhaltung, ja viele europäische Kapitalisten entledigten sich mehr und mehr ihrer amerikanischen Werte. Zwar blieben die im Anlagebesitz befindlichen bonds solider Gesellschaften in Europa, indessen flossen 1881—1884 fünf Sechstel aller Aktien in die Union zurück. Dies geschah im März und April 1884 in solchem Umfange, daß der dafür nach Europa fließende Betrag an Gold in diesen beiden Monaten 30 Millionen Dollar betrug.

Nach der New Yorker Börsenkrisis im Mai 1884 nahm das Interesse der englischen Spekulanten an amerikanischen Aktien allmählich ab, da ihnen die Ende der achtziger Jahre in großen Mengen emittierten Goldshares größere Gewinnchancen boten. Dies wurde indessen durch die zunehmende Betätigung deutscher und französischer Kapitalisten und Bankfirmen auf dem Londoner Amerikanermarkt ausgeglichen, so daß der in Europa befindliche Betrag amerikanischer Effekten schon Ende November 1885 von Bankers' Magazine New York auf beinah 1000 Millionen Dollar ge-

[1]) Dividenden:

	1878	1879	1880	1881	1882	1883
New York Central Bahn	8	8	8	8	8	8
Pennsylvania Bahn	2	4½	7	8	8½	8½

schätzt wurde. Wie groß die in Deutschland eingegangenen spekulativen Engagements in amerikanischen Werten waren, kam im November 1887 zu Tage, als die Leipziger Diskontogesellschaft mit 9 Millionen Mark Passiva, die aus verfehlten Spekulationen in Northern Pacific-Aktien in London entstanden waren, zusammenbrach. Die gespannte politischen Lage in Europa 1887 und 1888 ließ damals viel Kapital auf den Amerikanermarkt strömen. Darunter befand sich manches deutsche, dessen Besitzer infolge der zunehmenden Anhängerschaft Boulangers einen Krieg mit Frankreich für wahrscheinlich hielten.

Auch 1889 war der Amerikanermarkt in London noch äußerst belebt. Die englischen Eisenbahnaktien waren so hoch im Kurs gestiegen, daß sie nur 2½—3 % Zinsen brachten, die Zahl der industriellen Gesellschaften, deren Anteile an der Börse gehandelt wurden, war damals verhältnismäßig klein; die Goldminenspekulation aber hatte weitere Kreise noch nicht ergriffen, beschränkte sich vielmehr auf berufsmäßige jobber, so daß sich die spekulativen Neigungen der europäischen Kapitalistenwelt auf den Markt nord- und südamerikanischer Werte konzentrierten. Dagegen kaufte England, das nach Abschluß seiner industriellen Entwicklung mehr und mehr reiner Handelsstaat und Bankier der Welt geworden war, große Posten amerikanischer Fonds als Anlagebesitz. So war denn die Londoner Börse in den Jahren 1887—1890 ein guter Absatzmarkt amerikanischer Eisenbahngesellschaften, deren erstklassige bonds 1 %—2 % mehr Zinsen brachten, als die der englischen. 1888 waren 28 % des Kapitals der Union Pacific-, 50 % des Kapitals der Pennsylvania- und der Chicago, Milwaukee und St. Paul-Eisenbahn in ausländischen Händen. 1889 wurden 506 Millionen Dollar Aktien und Obligationen nordamerikanischer Eisenbahngesellschaften an der Londoner Börse notiert[1]. Anfang 1890 schätzte das Journal of Commerce den Gesamtbesitz amerikanischer Effekten in Europa auf 2500 Millionen Dollar. Von den 3000 Millionen Dollar englischer Kapitalien, die in dem Jahrzehnt 1880—1890 in ausländischen Unternehmungen investiert wurden, soll die Hälfte in die Union geflossen sein. Drei Fünftel der amerikanischen Eisenbahnen wurden vor der Krisis 1893 in London kontrolliert[2].

[1] Die Aktien dieser Gesellschaft dienten lediglich spekulativen Zwecken, da von den common shares nur eine, von den preferred shares nur zwei oder drei Dividenden brachten.

[2] Charles F. Speare, Selling American bonds in Europe. Annals of the American Academy of Political and Social Science. Bd. 30, Nr. 2. S. 80.

Der Zusammenbruch der Panamagesellschaft im Februar 1889, der die Börsen in Berlin, London, Paris und Frankfurt a. M. stark erschütterte, hatte den Kurs der amerikanischen Effekten kaum berührt, der amerikanischer Eisenbahnbonds war sogar gestiegen, da zahllose verängstigte Kapitalisten ihren Besitz an diesen für sicherer hielten, als europäische Anlagen mit dem gleichen Zinsfuß. Erst die Anfang 1890 eintretende Versteifung der großen europäischen Geldmärkte führte zu einer Abstoßung und Kurssenkung amerikanischer Fonds. Dem englischen Kapitalmarkt hatte die Umwandlung zahlreicher industrieller Unternehmungen in Aktiengesellschaften, die Goldminengründungen und die starke Kapitaleinfuhr nach Argentinien[1]) bzw. anderen südamerikanischen Ländern große Summen entzogen, Frankreich hatte durch den Panamakrach große Verluste erlitten, Deutschland aber war nach den langen Jahren geschäftlicher Lethargie, die der Krisis von 1873 folgten, erwacht und zur Gründung immer neuer Gesellschaften geschritten, deren Anteile ebenso wie die Aktien schon bestehender industrieller Gesellschaften Gegenstand wildester Börsenspekulation wurden. Dazu kam, daß fast alle Großstaaten damals mit starken Ansprüchen (Rüstungsanleihen) an den internationalen Geldmarkt herantraten, dessen Anspannung sich schon deutlich zeigte, als die Bank von England ihren Diskontsatz um die Wende des Jahres 1889/90 auf 6 % erhöhte, ein Warnungszeichen, daß die internationale Spekulation veranlaßte, amerikanische Werte abzustoßen, um andere Engagements durchhalten zu können.

Zwar gelang es der New Yorker Börse, die in der ersten Hälfte des Jahres 1890 in Europa abgestoßenen Wertpapiermengen glatt aufzunehmen, da die Sätze für call money im Laufe des Sommers niedrig blieben, und die Spekulation an einen Fortbestand der günstigen Konjunktur in der Union glaubte. Das änderte sich indessen, als die Erntebewegung und die Entziehung beträchtlicher Summen seitens der Importeure, die besonders große Mengen Waren einführten, um den hohen Sätzen des am 1. Oktober in Kraft tretenden Mc. Kinley-Tarifs zu entgehen, eine übermäßige Anspannung des Geldmarktes herbeiführten. Wallstreet war daher außer Stande, die im Oktober 1890 von neuem auf den Markt geworfenen großen Posten ohne Erschütterung der Kurse aufzunehmen. Eine Kursderoute trat indessen erst ein, als am 15. November 1890, kurz nach Börsenanfang, die Zah-

[1]) In den Jahren 1886—1890 waren für 100 Millionen £ argentinische Werte in England untergebracht worden.

lungseinstellung des großen Londoner Bankhauses Baring Brothers bekannt wurde.

Nach der Baringkrisis wurde das spekulative Geschäft am Amerikanermarkt in London etwas ruhiger, da ein großer Teil amerikanischer Effekten nach New York zurückgeströmt war. Die in London gemachten Umsätze beruhten fast ausschließlich auf amerikanischen Ordres. Die englischen Kapitalien strömten auf den immer lebhafter werdenden Markt der Gold- und Diamantminen-Aktien. Deutschland brauchte sein Geld für die industrielle Expansion der neunziger Jahre, Frankreich aber litt noch unter den Nachwehen des Zusammenbruchs der Panamagesellschaft, während sich Hollands immer vorsichtige Spekulanten zurückhielten, weil sie den Übergang der Union zur Silberwährung fürchteten und überzeugt waren, daß die Frachtratenkriege zwischen den einzelnen Eisenbahngesellschaften und der nur zur Vernichtung der Konkurrenz unternommene Bau von Parallellinien zu einem Niederbruch der meisten Eisenbahngesellschaften führen würden. Anfang 1892 fiel der Amerikanermarkt in London wegen der im November stattfindenden Präsidentenwahl in eine Apathie, die auch nach der Wahl Clevelands nicht wich, und es den Eisenbahngesellschaften unmöglich machte, ihren Geldbedarf im Inlande oder in Europa zu decken. Die erste Bahn, die in Zwangsverwaltung kam, (20. Februar 1893) war die Philadelphia- und Reading-Linie, die ein großes Eisenbahnnetz und zahlreiche Bergwerke besaß. Noch kurz vorher hatte sie die Ausschüttung von 5 % Dividende auf ihre Vorzugsaktien angekündigt und hierdurch große Posten dieser Aktien in England untergebracht.

Ihr Zusammenbruch führte neue Mengen amerikanischer Effekten aus dem Besitz mißtrauisch gewordener europäischer Kapitalisten auf den Markt, eine Bewegung, die sich noch verstärkte, als am 4. Mai die Insolvenz der National Cordage Company, die noch im Januar 100 % Dividende verteilt hatte, bekannt wurde. 300 Mill. Dollar amerikanischer Werte sollen allein im Jahre 1893 in die Union zurückgeströmt sein. Dafür flossen große Mengen amerikanischen Goldes nach Europa, von 1889—1893 mehr als 200 Millionen Dollar. Nachdem am 1. Mai 1893 sechs Banken in New York ihre Zahlungen eingestellt hatten, machten am 4. und 5. Mai sechs Brokerfirmen Bankrott. Ihnen folgten am 9. Mai drei Nationalbanken, etwas später verschiedene industrielle und Eisenbahngesellschaften, darunter die folgenden, deren Anteile zum größten Teil in Europa untergebracht waren:

1893	
16. Juni	die Northern Pacific-Bahn,
25. Juli	die Eriebahn,
13. Oktober	die Union Pacific-Bahn,
23. Dezember	die Atchison, Topeka und Santa Fé-Bahn,
27. Dezember	die New York und New England-Bahn.

Von der nordamerikanischen Krisis wurden am meisten die Londoner und die Berliner Börse mitgenommen; die Londoner, weil sich riesige Mengen amerikanischer bonds als Anlagebesitz in England befanden und von den verängstigten Kapitalisten à tout prix losgeschlagen wurden, die Berliner Börse wegen der beträchtlichen Summen, mit denen deutsche Kapitalisten, hauptsächlich durch Obligationenbesitz, an der Northern Pacific-Bahn [1]) beteiligt waren. Während an der Frankfurter Börse nur first mortgage bonds dieser Bahn notiert wurden, deren Kurs in den drei Wochen nach dem Zusammenbruch nur 10 % nachgab, waren an der Berliner Börse auch die second, third und consolidated mortgage bonds zugelassen worden, deren Kursrückgang das dreifache betrug. Die erstgenannten sanken auf 75, die zweitgenannten auf 54, die letztgenannten sogar auf 33 %. Um wenigstens einen Teil des deutschen Kapitals zu retten, bildete die Deutsche Bank eine große Vereinigung aller Obligationäre, der es 1896 unter der Leitung des verstorbenen Georg von Siemens gelang, die Bahn auf eine gesunde Basis zu bringen, so daß seitdem regelmäßig Dividenden ausgeschüttet wurden, und ihre Aktien bei Beginn des Jahres 1901 über Pari standen. Die deutschen Kapitalisten die ihre bonds behalten hatten, erlitten nicht nur keine Verluste, sondern konnten sogar beim späteren Rückkauf der bonds einen erklecklichen Reingewinn gegenüber dem Emissionskurs buchen.

---

[1]) Die 1873 unter Zwangsverwaltung gekommene, im August 1875 reorganisierte Northern Pacific-Bahn war 1881 unter die Kontrolle des aus der Pfalz gebürtigen Heinrich Hilgard — er hatte seinen Namen in Henry Villard amerikanisiert — gekommen und mit Hilfe deutschen Kapitals 1883 vollendet worden. Während der Einweihungsfeierlichkeiten, zu denen zahlreiche, führende Männer aus Deutschland auf seine Kosten herübergekommen waren, unterlag Villard den Angriffen einer mächtigen Baisseclique in New York, die ihn zwangen, die von ihm angehäuften enormen Engagements in den Werten seiner eignen Bahn und denen der Oregon-Bahn zu liquidieren und von der Leitung der Bahn zurückzutreten. Erst 1886 gelang es ihm, mit Hilfe des ihm von der Deutschen Bank zur Verfügung gestellten Kapitals die Kontrolle der Bahn von neuem zu erlangen. Er verlor sie 1890, übernahm indessen 1892 zum dritten Mal die Leitung der Bahn, die ein Jahr später infolge eines Tarifkampfes mit der Great Northern Bahn zusammenbrach. Hilgard-Villard, Lebenserinnerungen. S. 413 ff., 451 ff.

Die Wirkungen der Krisis, die zwei Drittel aller amerikanischen Eisenbahnen zwangen, einschneidende Sanierungen vorzunehmen[1]), vertrieben alles europäische Kapital aus der Union. Dieses strömte erst zurück, als der Kongreß am 1. November 1893 die bedingungslose Aufhebung der Silberankaufsklausel beschloß und damit die Währung der Vereinigten Staaten wieder auf die reine Goldbasis stellte. Deutsche, französische und holländische Kapitalisten benutzten die immer noch niedrigen Kurse der amerikanischen Werte zu starken An- bzw. Rückkäufen. England dagegen beteiligte sich nur wenig an ihnen, da die großen Insolvenzen australischer Banken im Mai 1893 zu einer Börsenkrisis in London geführt hatten, die den dortigen Spekulanten große Verluste zufügte.

7. 1893—1912.

Der 1894 vom Frühjahr an in Europa herrschende billige Geldstand hätte eigentlich große Summen europäischen Kapitals auf den amerikanischen Effektenmarkt führen müssen. Mannigfache Momente indes schreckten dieses zurück. Der neu in Kraft getretene Wilson-Tarif brachte ebensoviel Unsicherheit in die Beurteilung der wirtschaftlichen Zukunft Nordamerikas, wie der große Kohlenarbeiterstreik, der vom 26. Juni bis zum 15. Juli 1894 dauernde Ausstand der Arbeiter dreißig großer Eisenbahngesellschaften und die durch die Agitation Bryans herbeigeführte Ungewißheit der Währungsverhältnisse, die zu immer neuen Goldexporten aus der Union führte und die Goldreserve des Schatzamtes auf 41 Mill. Dollar im Februar 1895 fallen ließ. Dazu kam, daß die Goldminenspekulation in London, an der sich nicht nur englische, sondern auch deutsche und französische Kapitalisten stark beteiligten, gerade damals ihren Höhepunkt erreichte und alle überflüssigen oder zur Spekulation bestimmten europäischen Kapitalien heranzog; ja viele, die amerikanische Werte als Anlagebesitz hatten, stießen diese ab, um mit dem Erlös Goldshares zu kaufen[2]). Dies Abstoßen amerikanischer Werte nahm besonders zu, als die Union am

[1]) Die gesamte Meilenzahl der unter Zwangsverwaltung gelangten Eisenbahngesellschaften betrug 32 300, ihr Kapital an Aktien und Obligationen 1651 Millionen Dollar, ein Sechstel des Anfang 1893 10 553 Millionen Dollar betragenden Gesamtkapitals der nordamerikanischen Eisenbahnen. Carl Hovey, the life story of J. P. Morgan. S. 102.

[2]) Das Journal of Commerce vom 8. Juli 1895 schätzte die Effektenschuld der Vereinigten Staaten an Europa noch Anfang 1895 auf 1800 Millionen Dollar.

Ende des Jahres 1895 infolge eines Grenzstreites zwischen Venezuela und England in einen Konflikt mit letzterem Lande geriet, der die Möglichkeit eines Krieges zwischen beiden Ländern nahe rückte. Die Hauptspekulationspapiere auf dem Londoner Amerikanermarkt fielen daher vom September bis Dezember 1895 beträchtlich, Lake Shore, sowie Illinois Central um zwölf, New York Central um zehn, Pennsylvania um sechs Prozent.

Nach der friedlichen Beilegung der englisch-amerikanischen Differenzen blieb die Zurückhaltung des europäischen Kapitals die gleiche, da man 1896 die Wahl des Silberwährungsapostels Bryan fürchtete, und die Aufrechterhaltung der Goldwährung auch nach seiner Niederlage, bzw. der Wahl Mc. Kinleys (November 1896) nicht völlig gesichert erschien. Nach dem Commercial and Financial Chronicle wurden daher vom 1. Januar bis 1. Oktober 1897 amerikanische Werte im Gesamtbetrag von 150 Mill. Dollar von europäischen Kapitalisten auf den Markt geworfen. Ende Oktober 1897 setzte dann die Furcht vor einem Kriege zwischen Spanien und der Union ein, im April 1898 begann der Krieg selbst. Erst der Friedensschluß (12. August 1898), der beginnende wirtschaftliche Aufschwung und die günstigere Beurteilung der Währungsverhältnisse führten wieder etwas europäisches Kapital auf den amerikanischen Effektenmarkt. Es waren hauptsächlich vorsichtige Spekulanten, die ihre Gewinne auf dem Goldminenmarkt realisiert hatten und die billigen Kurse zu Ankäufen benutzten, z. B. wurden die 1898 in London, Amsterdam und Frankfurt a. M. emittierten 60 Millionen Dollar Southern Pacific bonds sechsmal überzeichnet.

Anfang 1898 belief sich die Effektenschuld der Vereinigten Staaten an Europa auf ungefähr 1856 Millionen Dollar. Nach den Listen der englischen Einkommensteuer betrug das Einkommen aus englischen Kapitalanlagen in der Union 1898 75 Millionen Dollar; zu 5 % kapitalisiert hätte dies einem Kapital von 1500 Millionen Dollar entsprochen, von dem ein Zehntel für englische Kredite und sonstigen Besitz in der Union abgezogen werden muß, so daß 1898 1350 Millionen Dollar amerikanischer Werte in England waren. Die in diesem Jahr in holländischem Besitz befindlichen wurden von dem Bankhaus Adolph Boissevain & Co. in Amsterdam auf 223 Millionen Dollar geschätzt, nämlich:

Kurswert.

Eisenbahnbonds	140 Mill. D.
Eisenbahnaktien	74 „ „
Anleihen der Union, der Einzelstaaten und der Städte	5 „ „
Industrie- und Bergwerksaktien	4 „ „
	223 Mill. D.

Die amerikanischen Fonds in deutschen Händen wurden von den Frankfurter internationalen Bankhäusern Jacob S. H. Stern und Lazard Speyer-Ellisen 1898 auf 105 Millionen Dollar beziffert und zwar:

Kurswert.

Anteile der Central Pacific-Bahn	15 Mill. D.
Anteile der Southern Pacific-Bahn	17 „ „
Anteile der Northern Pacific-Bahn	25 „ „
Anteile anderer Bahnen	46 „ „
Stadtanleihen	2 „ „
	105 Mill D.

Der, wie schon oben erwähnt ist, 1855 begonnene Absatz amerikanischer Effekten in die Schweiz, deren Organisator die Genfer Firma Lombard, Odier & Co. war, hatte Ende der neunziger Jahre einen solchen Umfang erreicht, daß damals ein Drittel aller in Genf befindlichen Effekten amerikanischen Ursprungs war [1]). Während Schweizer Kapitalisten zuerst nur Stadtanleihen kauften, investierten sie während des Sezessionskrieges bedeutende Summen in den verschiedenen Anleihen der Vereinigten Staaten, deren Erlös dann in Eisenbahnbonds angelegt wurde. Daß diese als Anlagebesitz gekauft waren, ergab die Tatsache, daß sie während der Krisis 1893 nicht auf den Markt kamen. Die Summe amerikanischer Effekten in der Schweiz wurde von den beteiligten Bankhäusern 1898 auf 75 Millionen Dollar geschätzt. Frankreich, das erst 1903 mit größeren Kapitalien in Wallstreet erschien, und mehr in romanischen Ländern (Spanien, Portugal und Italien), sowie der Türkei und den Balkanstaaten investierte — spekulativen Zwecken diente der Londoner Kaffirmarkt — hatte 1898 höchstens 50 Mill. Dollar amerikanischer Werte. Für Belgien wurde diese Zahl auf 10 Millionen Dollar, für die nicht besonders genannten europäischen Länder auf 15 Millionen Dollar beziffert. Auch kanadische und südamerikanische Kapitalisten, vor allem

[1]) N. T. Bacon, American International Indebtness. Yale Review. Bd. IX (Nov. 1900). S. 271.

solche in Kuba, hatten damals große Posten amerikanischer Fonds in ihren Safes. Ihr Gesamtbetrag soll 28 Millionen Dollar gewesen sein, wovon 18 Millionen auf Kuba entfielen. Das Effektendebet der Union hatte demgemäß 1898 folgendes Aussehen:

An England	1350	Mill. D.
„ Holland	223	„ „
„ Deutschland	105	„ „
„ Schweiz	75	„ „
„ Frankreich	50	„ „
„ Belgien	10	„ „
„ die übrigen europäischen Länder	15	„ „
„ Kuba	18	„ „
„ das übrige Südamerika und Kanada	10	„ „
	1856	Mill. D.

Anfang 1898 versteifte sich der europäische Geldmarkt zusehends. Abgesehen von den in der Goldminenspekulation — ihr Höhepunkt war Anfang Januar 1896 (Jamesons Einfall) — verlorenen Summen entzogen die Großmächte dem Kapitalmarkt der alten Welt im Jahre 1900 große Beträge zur Finanzierung der Chinaexpedition. Dazu kam in Deutschland der durch die industrielle Expansion der neunziger Jahre hervorgerufene enorme Kapitalbedarf[1], der den deutschen Geldmarkt so anspannte, daß es schon im Februar 1899 schwierig schien, 200 Millionen Mark dreiprozentiger Reichsanleihe im Inlande aufzulegen, und die Deutsche Bank drei Viertel hiervon in England, ein Viertel in den Vereinigten Staaten unterbrachte. (Emissionskurs 92). England brauchte große Summen für den im September 1899 angefangenen Krieg in Transvaal, der 200 Millionen £ verschlang, Frankreich zur Übernahme der milliardenschweren russischen Anleihen und zur Finanzierung der zahlreichen damals gegründeten heimischen Elektrizitätsgesellschaften. Glücklicherweise hatte sich die amerikanische Geschäftswelt gerade damals infolge der Kandidatur Bryans und der großen Zahl der Silberwährungsleute große Zurückhaltung auferlegt. Es herrschte daher ein ausnahmsweise leichter Geldstand in den Vereinigten Staaten, der die glatte Aufnahme aller in Europa abgestoßenen Effekten bewirkte. Diese Zurückhaltung, einige ausgezeichnete Ernten[2]) und

[1]) Deutschlands Effektenemissionen in Millionen Mark:

1898	2406
1899	2610
1900	1776

[2]) Vom 1. Juli 1897 bis zum 30. Juni 1902 betrug der Überschuß der Ausfuhr über die Einfuhr 2744 Millionen Dollar, eine Summe, die die Zins-

die verminderte Zinszahlung an europäische Effektengläubiger gestalteten dann die Zahlungsbilanz Nordamerikas — zum ersten und einzigen Male vor dem Weltkrieg — zu einer so aktiven, daß sie, besonders England gegenüber, ohne Beeinträchtung der Wechselkurse oder Goldverschiffungen aus Europa nur durch Rückkauf großer Summen dort untergebrachter Effekten ausgeglichen werden konnte und die Union, die das ganze neunzehnte Jahrhundert hindurch Kreditnehmerin der alten Welt gewesen war, 1899 und 1900 in die angenehme Lage einer Geldgeberin brachte. Ihr Kapitalexport wird im zweiten Abschnitt behandelt.

Erst Anfang 1901 kamen wieder größere Beträge amerikanischer Effekten in den Besitz europäischer Kapitalisten. Einmal ließen der „United States Currency Act" vom 13. März 1900 und die mit großer Majorität erfolgte Wiederwahl Mc. Kinley's am 6. November dieses Jahres die Goldwährung der Union und damit den 1898 nach dem spanisch-amerikanischen Kriege begonnenen Aufschwung des gesamten Wirtschaftslebens gesichert erscheinen, dann aber zogen die durch die Trustgründungen und Eisenbahnfusionen dieser Jahre herbeigeführten riesenhaften Kurssteigerungen große Summen europäischer Spekulanten und Kapitalisten ins Land. Das galt besonders für die am 23. Februar 1901 erfolgte Gründung der United States Steel Corporation, die ungefähr 70 % der amerikanischen Stahlerzeugung in sich vereinigte und dadurch den scharfen, sich in der Stahlindustrie vorbereitenden Kämpfen ein Ende machte.

Welche Kapitalmengen in den neuen Trustanteilen investiert wurden, ergibt die folgende Aufstellung:

Neuemittierte Trust-Aktien und Obligationen:

1899	2663	Millionen Dollar
1900	945	„ „
1901	2805	„ „
1902	1112	„ „
	7525	Millionen Dollar

Eine so große Summe konnte natürlich nur mit Hilfe europäischen Kapitals aufgebracht werden, das infolge der Krisis von 1900 reichlich zur Verfügung stand, und auch die riesenhaften spekulativen Engagements dieser Jahre ermöglichte. Zur Heranziehung dienten die damals zuerst in

verpflichtungen der Vereinigten Staaten, die Zahlungen für Frachten und die Ausgabe amerikanischer Touristen in Europa weit überstieg.

Erscheinung tretenden Finanztratten, die den auswärtigen Kredit amerikanischer Bankiers flüssig machten und damals in großen Mengen in London, Paris, Berlin, Amsterdam und Wien untergebracht wurden. Während die Effektenschuld der Union an Europa Ende 1901 erst 1400 Millionen Dollar betrug, stieg sie im Laufe der beiden nächsten Jahre auf 4500 Millionen, d. h. 13 % der Anfang 1905 34 514 Millionen Dollar betragenden Gesamtsumme aller Effekten in den Vereinigten Staaten [1]).

Durch den corner in Northern Pacific-Aktien am 9. Mai 1901 wurde die europäische Kapitaleinfuhr kaum schwächer, besonders da die Börsenpanik dieses Tages den spekulativen Übertreibungen der Stock Exchange in New York ein Ende setzte und eine zur Gesundung führende Erschöpfung der Effektenspekulation bewirkte. Nach Beendigung des Burenkrieges Ende 1901 belebte sich der Amerikanermarkt in London wieder und fand immer neue Anregung in der fast ununterbrochen steigenden Tendenz der New Yorker Börse, um so mehr, da der Kaffirmarkt durch den Burenkrieg enorm gelitten hatte. Auch die deutsche Spekulation, die damals durch Berliner Banken direkt in New York kaufte und verkaufte, betätigte sich in London in erheblichem Maße, besonders als der Zusammenbruch der Leipziger Bank im Juni 1901 eine andauernde Stagnation der Börsen in Frankfurt a. M. und Berlin herbeiführte. Dazu kam im Jahr 1902, die Bildung einer großen Eisenbahninteressengemeinschaft, der mit einem Kapital von 400 Millionen Dollar gegründeten Northern Securities Company; hierdurch wurde eine namhafte Steigerung aller Eisenbahnwerte bewirkt und viele europäische Kapitalisten veranlaßt, ihre 1899 und 1900 abgestoßenen amerikanischen Eisenbahnwerte von neuem zu erwerben.

Indessen waren die so in die Vereinigten Staaten fließenden Summen nicht groß genug, um dem Kapitalmangel abzuhelfen, der einmal auf die enormen Effektenemissionen der Jahre 1900—1903, dann aber auf den starken Geldbedarf der Banken zurückzuführen war, die der Börsenspekulation enorme Kredite eingeräumt und damit die Haussetendenz der Börse immer von neuem künstlich genährt hatten. Der zunehmende Kapitalmangel führte nicht nur zu einer Versteifung des Geldmarktes im Herbst 1903, sondern bewirkte auch eine, freilich nur vorübergehende Depression der Börse und des Wirtschaftslebens. Doch brachten die da-

[1]) Charles A. Conant, The World's Wealth in Negotiable Securities. Atlantic Monthly. Bd. 101 (1908). S. 98.

durch stark gesunkenen Kurse wieder europäisches Kapital auf den Effektenmarkt. Während englische, deutsche und holländische Kapitalisten hauptsächlich Eisenbahnaktien kauften, erwarben Frankreichs Kapitalisten Eisenbahnbonds. Dies geschah besonders nach Ausbruch des russisch-japanischen Krieges im Februar 1904, der vorsichtige Franzosen veranlaßte, einen Teil ihrer russischen Papiere abzustoßen und den Erlös in amerikanischen anzulegen.

Schon die vom November 1900 bis zum Oktober 1903 dauernde, durch die Börsenpanik vom 9. Mai 1901 (Northern Pacific corner) kurz unterbrochene Hausse der New Yorker Stock Exchange, war nur mit Hilfe europäischen Kapitals möglich gewesen. In verstärktem Maße galt dies für den mit der Wahl Roosevelts im November 1904 einsetzenden boom, den erst die Kapitalkrisis des Jahres 1907 beendete. Hatte sich doch die Effektenschuld der Union an Europa in den vier Jahren 1903—1907 um mindestens 25 % vermehrt. Während sie nach der Finanzzeitschrift The Statist im erstgenannten Jahr 4500 Millionen Dollar betrug, war sie Anfang 1907 auf 6000—6500 Millionen Dollar gewachsen[1]), wovon der größte Teil Eisenbahnobligationen waren. Von amerikanischen Werten in Europa besaßen damals schätzungsweise:

Großbritannien	4000 Millionen Dollar
Deutschland	1000 „ „
Holland	700 „ „
Frankreich	300 „ „
Schweiz	100 „ „
	6100 Millionen Dollar

Inzwischen war der Kapitalbedarf der Eisenbahn- und industriellen Gesellschaften der Union, der

1904	1004 Millionen Dollar
1905	1691 „ „

betragen hatte, auf 2308 Millionen Dollar im Jahr 1906 gestiegen, eine Summe, die doppelt so groß als das zur Verfügung stehende freie Leihkapital war. Es wurde daher nicht nur der heimische, sondern auch der europäische Geldmarkt mit so großen Mengen bonds, besonders von Eisenbahngesellschaften überschwemmt, daß er Ende 1906 die weitere Aufnahme versagte, und die Eisenbahngesellschaften die für die Betriebserweiterung und die notwendige Neu-

[1]) Charles F. Speare, Selling American bonds in Europe. Annals of the American Academy of Social and Political Science. Bd. 30, Nr. 2. S. 283.

beschaffung rollenden Materials erforderlichen Mittel nur noch durch Ausgabe von 5—7 %, 2—3 Jahre laufenden, sogenannten short notes verschaffen konnten[1]). Als auch diese keine Abnehmer mehr fanden, blieb nur noch der durch die Spekulation schon stark in Anspruch genommene Kredit der Banken übrig, die sich die geforderten Summen ihrerseits durch Lombardierung amerikanischer Werte in London bzw. durch Diskontierung von Finanztratten bei europäischen Großbanken verschafften[2]). Dies ging ohne Schwierigkeiten, solange Europa auf den Weiterbestand der Konjunktur der Vereinigten Staaten vertraute und selbst überflüssige Kapitalien hatte. Indessen machte sich schon Ende 1906 eine zunehmende Geldknappheit auf den Märkten der alten Welt[3]) bemerkbar. Während Europa damals nach Leroy-Beaulieu ohne Störungen des internationalen Geldmarktes jährlich 2400 Millionen Dollar in Effekten anlegen konnte, betrug diese Summe 1906 3250 Millionen Dollar. Der russisch-japanische Krieg hatte 2000 Millionen Dollar gekostet, von denen der größte Teil in Europa aufgebracht worden war, England mußte große Summen für die wirtschaftliche Wiederherstellung Transvaals aufwenden, Frankreich lag es ob, den, durch die Unruhen in Rußland zerstörten Kredit dieses Landes aufrecht zu erhalten, Deutschland aber stand im Banne einer industriellen Konjunktur, zu deren Ausnutzung es alle früher im Auslande verwendeten Kapitalien selbst notwendig brauchte[4]).

Zu diesem Kapitalmangel in Europa trat als ungünstiges Moment das durch die spekulativen Ausschreitungen der New Yorker Fondsbörse geweckte Mißtrauen der europäischen Kapitalisten und Banken, die Ende 1906 anfingen, sich ihres Besitzes amerikanischer Werte zu entledigen, während die Bankwelt Schwierigkeiten bei der Lombardierung amerikanischer Werte, bzw. der Diskontierung von Finanztratten machte[5]) und die in New York laufenden

---

[1]) 299 Millionen Dollar davon wurden in der ersten Hälfte des Jahres 1907 ausgegeben

[2]) Der in Europa diskontierte Betrag belief sich 1905 auf 80 Millionen, 1906 auf ungefähr 400 Millionen Dollar. W. H. Allen, Why France is the Woids Banker and why United States is not. Moodys' Magazine, 1909.

[3]) Leroy-Beaulieu, La Crise est-elle en vue? Economiste Francais v. 5. Januar 1907.

[4]) Von den in Deutschland emittierten Wertpapieren waren fremdländisch:

1905	33%
1906	10%
1907	7%

[5]) Abgelehnt wurde die Diskontierung amerikanischer Finanztratten in London im November 1906, in Berlin dagegen erst im August 1907.

Kredite — ihre Gesamtsumme wird auf 500 Millionen Dollar geschätzt[1]) — kündigte.

Da 300 Millionen Dollar dieser Kredite spekulativen Zwecken gedient hatten, waren die New Yorker Banken ihrerseits gezwungen, die von ihnen der Spekulation gewährten Darlehen erheblich einzuschränken. Die berufsmäßige Spekulation ging infolgedessen an eine Liquidierung ihrer Engagements, deren Folge ein langsames Abbröckeln der Kurse im Januar und Februar 1907 war. Eine Krisis trat indessen erst ein, als sich der Eisenbahnkönig Harriman in einem, im März 1907 veröffentlichten Interview äußerst pessimistisch über die wirtschaftliche Zukunft der Eisenbahnen aussprach. Große Mengen von Eisenbahnwerten, die zu Anlagezwecken gekauft waren, kamen auf den Markt und fanden nur zu stark gesenkten Kursen Käufer. Union Pacific verloren am 13. März 1907 25, Reading 22 %, der durchschnittliche Kursrückgang aller Eisenbahnwerte an diesem Tage betrug 20 %, die an diesem Tage eingetretene Wertminderung sämtlicher an der New Yorker Fondsbörse gehandelten Effekten ungefähr zwei Milliarden Dollar[2]). Nach einer kurzen Erholung im Mai und Juni wurde die Börsentendenz im Juli wieder schwächer, so daß die Kurse am Ende dieses Monats unter den tiefsten Stand im März sanken. Im August blieb die Börse andauernd lustlos, im September hielt sich das Kursniveau der Eisenbahnaktien, während die Kurse der führenden Industrieaktien stark fielen. Inzwischen schwand das Vertrauen in ein Fortbestehen der Konjunktur mehr und mehr, während die Lage des Geldmarktes immer gespannter wurde, so daß der am 16. Oktober 1907 erfolgte Zusammenbruch der von den Gebrüder Heinze beherrschten United Copper Company und der mit ihr zusammenhängenden Nationalbanken, Trustkompanies und industriellen Gesellschaften eine Börsenpanik herbeiführte, die eine völlige Deroutierung des gesamten Effektenmarktes bewirkte.

Die Folge war ein run des ängstlich gewordenen Publikums auf die Trustkompanies in New York, die fast ausnahmslos enorme Kredite gewährt hatten, ohne für eine genügende Deckung gesorgt zu haben. Die Knickerbocker Trust Company, die drittgrößte in New York, die 62 Mill. Dollar Depositen hatte, stellte daher am 22. Okt. 1907 ihre Zahlungen ein. Die Nachricht hiervon rief eine erneute

---

[1]) Alexander Gilbert, President of the New York Clearing house: Speech to the New York State Bankers Association am 27. Januar 1907.

[2]) F. Speare, The Wallstreet Crisis and the Country. Review of Reviews, Bd. 35. S. 1559.

Panik an der Stock Exchange und auf dem Geldmarkt hervor. Die Kurse wichen durchschnittlich um 8—10 %, tägliches Geld stieg am 22. Oktober auf 70 %, am 23. Oktober auf 90 %. Trotzdem am 23. Oktober abends bekannt wurde, daß der Schatzsekretär den Nationalbanken 25 Millionen Dollar zur Stützung des Geldmarktes überwiesen hatte, hielt die Panik auch am folgenden Tage an, so daß die Kurse 8 bis 10 % niedriger eröffneten und tägliches Geld bei Beginn der Börse 100—130 % notierte. Erst als Morgan aus einem dafür aufgebrachten Fond von 25 Millionen Dollar zehnprozentige Darlehn gegen Lombardierung von Effekten gewährte und zusammen mit der Standard Oil Gruppe (Rockefeller) intervenierte, griff eine allgemeine Beruhigung Platz, so daß Europa, durch die niedrigen Kurse angelockt, zahlreiche Kauforders sandte. Damit war der Tiefstand der Krisis überwunden.

Die folgende Tabelle ergibt die Kursschwankungen von amerikanischen Aktien, die in großen Mengen in europäischem Besitz waren und als internationale Spekulationspapiere an den Börsen in London und Amsterdam gehandelt wurden.

	Höchstkurs 1906	1907		
		1. Mai	12. Okt.	25. Okt.
Philadelphia u. Reading . . .	164	112	87	73
Union Pacific	195	146	118	104
U. S. Steel common shares .	50	37	23	23

Welche Summen europäische Kapitalisten infolge des Kursrückganges ihrer amerikanischen Effekten damals verloren, läßt sich nicht einmal schätzungsweise ermitteln, da nicht festzustellen ist, in welchen Mengen und zu welchen Kursen amerikanische Effekten aus europäischem Besitz im Herbst 1907 abgestoßen wurden. Diejenigen Kapitalisten, die ihre amerikanischen Werte durchhielten, erlitten jedenfalls kaum Verluste, da die Krisis im Gegensatz zu der Krisis von 1893 schnell überwunden wurde.

Im Laufe des Jahres 1908 war zwar die Börsentendenz eine ruhige, indessen konnte sich der allgemeine Kursstand infolge von Anlagekäufen heimischer und europäischer Kapitalisten bedeutend heben. Nach der Wahl Tafts zum Präsidenten (Anfang November 1908) trat sogar eine Belebung des Effektengeschäftes ein, aus der sich dann im Mai 1909 eine bis zum Sommer währende Börsenhausse entwickelte, deren Höchstkurse die des Jahres 1906 übertrafen.

Höchstkurs.	1906	1907
Pennsylvania-Bahn	147	151
Union Pacific	195	219
United States Steel comm. . . .	50	95

Während deutsche und französische Spekulanten an einen neuen Aufschwung glaubten und große Posten amerikanische Werte kauften, hielt sich die englische Spekulation, die die Vorgänge von 1907 nicht vergessen hatte, völlig zurück.

Schon Ende Juni 1909 fingen die Kurse an, langsam abzubröckeln, da sich ein die Mittel des Geldmarktes weit übersteigender Kapitalbedarf der Eisenbahngesellschaften herausstellte. Durch Ausgabe kurzfristiger Noten konnte er nur teilweise gedeckt werden, so daß wieder europäischer Kredit in Anspruch genommen wurde, und die in London gegen Lombardierung von Effekten aufgenommenen Gelder von der Evening Post schon Mitte August 1909 auf 400 Mill. Dollar geschätzt wurden. Dazu kam, daß die Summe der in Europa laufenden Finanztratten im Oktober dieses Jahres weit größer war als 1906. Eine Liquidierung der amerikanischen und europäischen Hausseengagements erfolgte indessen erst, als die Bank von England ihren Diskontsatz, der am 20. September noch 2 % betragen hatte, am 28. Okt. auf 5 % erhöhte. Daß die abgestoßenen Werte nur zu erheblich niedrigeren Kursen Aufnahme fanden, lag an der Zurückhaltung weiter Kapitalistenkreise, denen die nächste Zukunft des nordamerikanischen Wirtschaftslebens infolge der gerichtlichen Verfolgung der großen Trusts und einer befürchteten demokratischen Tarifrevision nach unten sehr ungewiß erschien.

8. Das Effektendebet der Vereinigten Staaten vor dem Weltkrieg

Bankers' Magazine New York schätzte 1910 die Effektenschuld der Vereinigten Staaten an Europa auf 3000 bis 5000 Millionen Dollar, ein Spielraum, dessen Weite die Schwierigkeiten ihrer genauen Schätzung zeigt. Zwar war der Nominalwert der an den Börsen in London, Paris, Amsterdam, Berlin, Frankfurt a. M., Wien, Brüssel, Basel und Zürich emittierten, amerikanischen Effekten festzustellen, indessen verschwiegen die emittierenden Banken, wieviel von den nicht abgesetzten Wertpapieren in die Union zurückgegangen, auch war nicht bekannt, wieviel Effekten europäische Kapitalisten nach einiger Zeit abgestoßen hatten. Aber selbst wenn der durch direkte Emission an den Börsen Europas untergebrachte Betrag amerikanischer Werte statistisch genau zu fassen wäre, hätte man damit doch nur einen kleinen Teil der damaligen Effektenschuld der Vereinigten Staaten an Europa ermittelt, da der weitaus größte Teil aus Fonds bestand, die nur an amerikanischen Börsen gehandelt und auch nach dem Übergang in europäische Hände im Depot New Yorker Banken geblieben waren. Das gilt beinah ausnahmslos für die zu spekulativen Zwecken in New York gekauften Stücke, und war wegen der Übersendungsspesen einerseits, der billigeren Couponeinlösung andererseits die Regel bei den als vorübergehende Anlage gekauften Werten, so daß nur die zu dauerndem Besitz gekauften Posten amerikanischer Effekten über den Ozean gingen.

Daß ihre Gesamtsumme nicht allzugroß war, ergibt eine 1912 in der New York Times erschienene, auf Angaben der beteiligten Aktiengesellschaften beruhende Zusammenstellung des **dauernd** im Auslande befindlichen Aktienkapitals amerikanischer Gesellschaften, das danach nur 311 Millionen Dollar betrug, d. h. einen winzigen Teil des 20774 Millionen Dollar betragenden Gesamtaktienkapitals der Eisenbahn- und Industriegesellschaften der Union. Von diesen 311 Millionen Dollar entfielen auf:

England	183 Mill. D.
Holland	71 „ „
Deutschland	26 „ „
Frankreich	21 „ „
Das übrige Europa	10 „ „
	311 Mill. D.

Nach den Gesellschaftszwecken verteilte sich dieser Betrag wie folgt:

Eisenbahngesellschaften	105,4 Mill. D.
Industrielle Gesellschaften	170,3 „ „
Straßenbahnen	20,2 „ „
Bergwerke	14,6 „ „
Petroleumgesellschaften	0,5 „ „
	311 Mill. D.

Von größeren Aktienposten einzelner Gesellschaften in Europa führte die New York Times die folgenden auf:

U. S. Steel Corporation	156,0 Mill. D.
Pennsylvania-Bahn	70,3 „ „
Illinois Central-Bahn	18,4 „ „
Chicago, Milwaukee u. St. Paul-Bahn	18,2 „ „
American Telegraph u. Telephone	12,4 „ „
American Smelting u. Refining	5,2 „ „
	280,5 Mill. D.

eine Summe, die sich auf 3 Eisenbahn- und 3 industrielle Gesellschaften verteilte.

Wie die folgenden, bei den einzelnen Ländern gemachten Ausführungen zeigen, dürfte der vor dem Weltkrieg in den Händen europäischer Kapitalisten befindliche Besitz amerikanischer Werte die Summe von 5000 Millionen Dollar etwas überschritten haben. Es entfielen nämlich auf:

Großbritannien	3344 Mill. D.
Holland	700 „ „
Frankreich	700 „ „
Deutschland	350 „ „
die Schweiz	100 „ „
Belgien und das übrige Europa	50 „ „
	5244 Mill. D.

d. h. ein Achtel (12 %) sämtlicher in den Vereinigten Staaten vor dem Weltkrieg emittierten Effekten, deren Gesamtsumme von 40 792 Millionen Dollar sich wie folgt zusammensetzte.

Anleihen der Union	963 Mill. D.
Anleihen der Einzelstaaten . . .	275 „ „
Munizipal- und Kommunalanleihen	2490 „ „
Eisenbahnaktien	7642 „ „
Eisenbahnobligationen	9593 „ „
Straßenbahnobligationen	2300 „ ,
Aktien industrieller Gesellschaften	13132 „ „
Bonds industrieller Gesellschaften	4397 „ „
	40792 Mill. D.

Von diesem Betrage war freilich ein großer Posten Wertpapiere dauernd gesperrt. Von den 17 235 Millionen Dollar Anteilen amerikanischer Eisenbahngesellschaften waren:

26 % im dauernden Besitz der Bahnen selbst,
6 % im dauernden Besitz der Banken,
4½ % im dauernden Besitz der Versicherungsgesellschaften,
4 % im dauernden Besitz der Sparkassen,
10 % im dauernden Besitz der Nachlässe, Vermögensverwaltungen, gemeinnützigen Stiftungen, Anstalten und Universitäten [1]).

50½ %

Außer der Hälfte der Eisenbahnanteile im Gesamtbetrage von 8617 Millionen Dollar waren aber noch mehr

[1]) Ernst Picard, Die Finanzierung nordamerikanischer Eisenbahngesellschaften. S. 2 und 3.
Charles Anton Rosenthal, Amerikanische bonds. S. 90.

Effekten der Union dem weiteren Publikum entzogen, nämlich:

697 Mill.	D.	Anleihen der Union, die von Nationalbanken beim Schatzamt hinterlegt waren,
13 „	„	Anleihen der Union im Besitz von Sparkassen,
620 „	„	Anleihen der Einzelstaaten und Städte im Besitz der Sparkassen,
100 „	„	desgl. im Besitz der Trust-Companies,
730 „	„	Aktien und Obligationen industrieller Gesellschaften im Besitz von Trust-Companies.
2160 Mill.	D.	

Von dem Gesamtnominalwert der nordamerikanischen Fonds (40792 Millionen Dollar) waren also vor dem Weltkrieg nur 30015 Millionen Dollar im Effektenhandel, ein Sechstel hiervon war damals in Europa.

Da die dort befindlichen Werte fast ausschließlich solche waren, die an der New Yorker Stock Exchange gehandelt wurden, muß auch der Gesamtnominalwert der dort notierten Fonds zum Vergleich herangezogen werden. Er belief sich am 6. Juni 1910 auf 25314 Millionen Dollar[1]):

Eisenbahnbonds	7182	Mill. D.
Eisenbahnaktien	7206	„ „
Straßenbahnbonds	632	„ „
Straßenbahnaktien	476	„ „
Aktien von Industriegesellschaften	3012	„ „
Bonds von Industriegesellschaften	632	„ „
Anteile von Banken und Trust-Companies	135	„ „
Anteile verschiedener Gesellschaften	2368	„ „
Anleihen der Union	848	„ „
Anleihen der Einzelstaaten	85	„ „
Stadtanleihen	444	„ „
Anleihen fremder Staaten	2294	„ „
	25314	Mill. D.

Wenn wir hiervon den Gesamtbetrag der Anleihen fremder Staaten abziehen, so erhalten wir als den Gesamtnominalbetrag der vor dem Weltkrieg an der New Yorker Fondsbörse notierten amerikanischen Effekten die Summe von 23020 Millionen Dollar, von der 23 % im Besitz europäischer Kapitalisten und Spekulanten waren. Etwas mehr (genau 25,07 %) betrug 1914 der Anteil des

[1]) Horace White, The Stock Exchange and the Money Market. Annals of the American Academy of Political and Social Science. Bd. 36 Nr. 3. S. 89.

Auslandes an dem Aktienkapital des Stahltrustes. Die Beteiligung der einzelnen kapitalexportierenden Länder Europas an diesem Besitz ergibt das folgende.

Großbritannien.

Wieviel das Wirtschaftsleben der Union der englischen Kapitaleinfuhr verdankt, ist in dem historischen Teil eingehend behandelt worden. Die hierzu treibenden Kräfte lagen natürlich vor allem auf materiellem Gebiet, d. h. in den Entwicklungsmöglichkeiten der Union und den sich dort bietenden Gewinnchancen einerseits, den engen kommerziellen Beziehungen zwischen beiden Ländern[1]) andererseits, doch dürfte auch das psychologische Moment der gemeinsamen Rasse und Sprache bedeutsam gewesen sein. Unmittelbare Förderer und Vermittler der Kapitaleinfuhr waren englische Bankhäuser und die eigenes hierfür gegründeten Investment Companies, von denen einige aufgeführt seien:

Banken- und Investment Companies.

Name	Gründungsjahr	Kapital
Bank of British North America[2])	1836	1 Mill. £
Scottish American Investment Trust	1870	1 Mill. £
British and American Bank	1881	1 Mill. £
American Securities Company	1882	1 Mill. £

Londoner Bankfirmen der sechziger und siebziger Jahre:

Baring Brothers.
Bischoffsheim & Goldschmidt.
Blyth & Co.
Mc. Calmont Brothers.
Morton, Bliss & Co.
N. M. Rothschilds & Sons.
Seligman Brothers.
Speyer Brothers.

Von den großen internationalen Bankfirmen, die an der Unterbringung amerikanischer Effekten in Europa vor dem Weltkrieg beteiligt waren, nenne ich:

---

[1]) Vom Gesamthandel der Vereinigten Staaten fielen auf:

	England	andere Länder
1790	55%	45%
1830	50%	50%
1870	46%	54%

[2]) Sie gründete 1843 eine Filiale in New York.

1. J. P. Morgan & Co. New York.
   Filialen:
   in Philadelphia: Drexel & Co.,
   in London: Morgan, Greenfell & Co.,
   in Paris: Morgan, Harjes & Co.
2. Kuhn, Loeb & Co. in New York.
   Vertretung in Hamburg:
   M. M. Warburg & Co.
3. Lazard Speyer-Ellissen in Frankfurt a. M.
   Filialen:
   in London: Speyer Brothers,
   in New York: Speyer & Co.
4. J. u. W. Seligman & Co. in New York.
   Filialen:
   in London: Seligman Brothers,
   in Paris: Seligman Frères & Co.,
   in Amsterdam: Alsberg, Goldberg & Co.
5. Einige Firmen in New York, die keine Filialen im Ausland hatten:
   Ladenburg, Thalmann & Co.,
   Hallgarten & Co.,
   Maitland, Copell & Co.,
   Schulz & Ruckgaber,
   Transatlantic Trust Company.

Zu erwähnen ist noch die Farmers' Loan Trust Company in New York, die schon lange Filialen in London und Paris hatte und 1911 auch nach Berlin ging.

Die Summe der in Großbritannien befindlichen amerikanischen Wertpapiere wurde Anfang 1911 von Georg Paish [1]), einem der besten Kenner internationaler Effektenstatistik und Herausgeber des „Statist", auf 3344 Millionen Dollar [2], [3]) (688 078 000 £) geschätzt, d. h. 42 % sämtlicher in England untergebrachter Effekten fremder Länder [4]). Diese Summe verteilte sich auf die folgenden Gesellschaften:

---

1) George Paish, Great Britains Capital Investments in Individual Colonies and Foreign Countries. Journal of the Royal Statistical Society. Bd. 74, Teil 2. S. 176 u. 185.

2) 2916 Millionen Dollar (600 Millionen £) hiervon waren Eisenbahnanteile.

3) 150,2 Millionen Dollar (30,9 Millionen £) Effekten der amerikanischen Kolonien (Kuba und Philippinen) sind hierbei nicht mitgerechnet.

4) Der Gesamtbetrag der in England befindlichen Werte fremder Länder — die englischen Kolonien ausgenommen — betrug 7961 Millionen Dollar (1638 Millionen £).

Eisenbahnen[1])	2849 Mill. D.
Straßenbahnen	14,3 „ „
Bergwerke	105,1 „ „
Telegraph und Telephon	21,1 „ „
Petroleumquellen	17,4 „ „
Hypothekenbanken und Finanzierungsinstitute	152,8 „ „
Brauereien und Brennereien	55,9 „ „
Gas- und Wasserwerke	5,5 „ „
andere Unternehmungen	84,5 „ „
	3305,6 Mill. D.
dazu Kommunalanleihen	38,4 „ „
	3344,0 Mill D.

Anleihen der Union waren in nennenswerten Beträgen in Großbritannien nicht vorhanden.

Der Nominalwert der in den Jahren 1898—1912 an der Londoner Börse eingeführten amerikanischen Werte betrug 1579 Millionen Dollar (325 Millionen £). Hiervon wurden 578 Millionen Dollar (119 Millionen £) in den fünf Jahren 1908—1912 zugelassen, und zwar:

1908	97 Mill. D.
1909	106 „ „
1910	157 „ „
1911	103 „ „
1912	115 „ „

Holland.

An und für sich hat Großbritannien nicht nur das meiste Kapital in die Vereinigten Staaten eingeführt, sondern besaß auch vor dem Weltkrieg den größten Betrag nordamerikanischer Effekten. Im Verhältnis zur Bevölkerung und zum Reichtum des Landes aber wurde es hierin von den Niederlanden weit überflügelt. Schon 1873, als Holland nur $3^1/_2$ Millionen Einwohner zählte, waren dort nach dem Bankers' Magazine New York 160 Millionen Dollar amerikanischer Eisenbahnanteile und 100 Millionen Dollar Staats- und Kommunalanleihen der Union untergebracht, ein Posten, der in den vierzig Jahren 1873—1913 stärker

[1]) Der Nominalwert der am 1. Januar 1912 an der Londoner Börse zugelassenen nordamerikanischen Eisenbahnanteile, von denen freilich ein großer Teil Nichtengländern gehört, betrug nach dem „Economist“:

2369	Millionen Dollar bonds
909	„ „ Aktien
3278	Millionen Dollar.

Der Nominalwert sämtlicher am 1. Januar 1910 dort notierten Effekten belief sich auf 57 527 Millionen Dollar (10 200 Millionen £).

als die Bevölkerung wuchs[1]), und zwar so, daß Großbritannien, das 1913 sechseinhalbmal soviel Einwohner und vierzehnmal soviel Nationalvermögen hatte, in diesem Jahr noch nicht fünfeinhalbmal soviel nordamerikanische Effekten besaß wie Holland:

	Bevölkerung:	National-vermögen:	Besitz nordamerik. Effekten
Großbritannien	45 Mill.	70 000 Mill. D.	3344 Mill. D.
Holland	6 „	5 000 „ „[2])	700 „ „

Der Grund lag darin, daß Holland große Gewinne aus seinen Kolonien zieht und eine äußerst sparsame Bevölkerung hat, deren vermögende Elemente als Regel ein Drittel ihrer Einnahmen zurücklegen. Das gleiche geschieht in Frankreich. Während aber der Franzose lieber niedriger verzinsliche als unsichere Anlagen erwirbt, kauft der Holländer hochverzinsliche ausländische Papiere, über deren Status er sich fortdauernd aufs genaueste unterrichtet, so daß er sie meistens billig kauft[3]) und später mit Gewinn abstößt. Man kann ihn daher weder als Anlagebesitzer noch als Spekulanten bezeichnen, klassifiziert ihn vielmehr am besten als spekulativen Anleger.

Es ist aber nicht nur die hohe Verzinsung, die so große Summen holländischen Kapitals nach der Union gebracht hat, sondern auch ein gewisser Konservatismus auf pekuniärem Gebiet, der allen Schichten der holländischen Bevölkerung — ein geistreicher Diplomat nannte sie les chinois d'Europe — zu eigen ist[4]). Ist doch Holland das einzige kapitalexportierende Land, das, von den Jahren der Fremdherrschaft (1793—1815) abgesehen, den Vereinigten Staaten als Geld-

---

[1]) Niederlande:

Bevölkerung.		Besitz nordamerik. Effekten.
1873	3½ Mill. D.	260 Mill. D.
1913	6 „ „	700 „ „

[2]) Hollands Nationalvermögen wurde 1893 von Boissevain auf 4190 Millionen, 1896 von Mulhall auf 4277, 1911 von Dunning auf 5000 Millionen Dollar geschätzt. James Edmund Dunning, American Securities in Europe, North American Review, Bd. 194. (Oktober 1911) S. 563.

[3]) Große Mengen first mortgage bonds der Denver und Rio Grande Eisenbahn wurden in Holland gekauft, als sie auf 19 gefallen waren. Einige Jahre später wurden sie zu 100 eingelöst. Ebenso wurde der niedrige Kurs der common und der preferred shares des Steeltrusts 1903 zu großen Ankäufen benutzt und viel daran verdient.

United States Steel Corporation:

	Einf. Kurs April 1901	Höchstkurs seit der Einführung	Niedr. Kurs im Oktober 1903
comm. shares	47	55	10
pref'd. Shares	94	102	57

[4]) Große Posten von bonds der Chicago, Milwaukee und St. Paul Eisenbahn befinden sich seit 30—35 Jahren in denselben Händen.

geber dauernd treu geblieben ist. Während England nach den Krisen 1837, 1857 und 1893, sowie im Sezessionskrieg das ihm stammverwandte nordamerikanische Volk finanziell im Stich ließ, haben die Niederlande, seitdem sie 1783 für Frankreich einsprangen und die Anleihen der Union aufnahmen, einen großen Teil ihrer überschüssigen Kapitalien dem Effektenmarkt dort zugeführt.

Es gibt freilich kein europäisches Land, in dem eine so genaue Kenntnis der amerikanischen Wirtschaftsverhältnisse herrscht wie in Holland, wo der Effektenhandel unbeschränkte Freiheit genießt, Zulassungsstellen und Prospekthaftung unbekannte Dinge sind, und jeder Kapitalist für die Bonität seiner Anlagen selbst sorgen muß. Seine Informationen bezieht er entweder aus den Handelszeitungen, oder durch die Bankhäuser und zahlreiche Administrations- oder Trustkontor genannte Gesellschaften, die seit Jahrzehnten den holländisch-amerikanischen Kapitalverkehr leiten. Die bedeutendsten Bankfirmen für diesen Verkehr waren 1913:

1. Lippmann, Rosenthal & Co. in Amsterdam,
2. Adolph Boissevain & Co. in Amsterdam, Filiale in New York Boissevain & Co.
3. S. F. van Oss im Haag,
4. Alsberg, Goldberg & Co. in Amsterdam, eine Filiale der New Yorker Bankfirma J. u. W. Seligman & Co.

Außerdem ist die 1901 mit einem Kapital von 20 Mill. Gulden gegründete New American Bank in Rotterdam zu erwähnen.

Fast alle sechs-, sieben- und achtprozentigen bonds amerikanischer Eisenbahnen sind an der Amsterdamer Börse gehandelt worden. Während die Zahl der verschiedenen Bondsgattungen 1898 erst 128 betrug, stieg sie 1906 auf 188, 1914 auf 255, d. h. auf $^3/_4$ aller ausländischen Eisenbahnanteile (328) dieser Börse, und betrug dreimal soviel wie die Zahl der niederländischen und kolonialen Eisenbahngesellschaften, die dort notiert wurden[1]). Indessen nahm das Interesse für amerikanische Eisenbahnbonds in den letzten Jahren vor dem Kriege mehr und mehr ab, da die der gutfundierten Gesellschaften nur noch 4 % Zinsen brachten. Die holländischen Kapitalisten wandten sich

[1]) S. F. van Oss, American Investments. Financial Review of Reviews. Juni 1907.

Charles F. Speare, European Patronage for American Securities. Moody's Magazine. August 1909. S. 94—96.

P. M. Gilissen, American Securities in Holland. Moody's Magazine Mai 1911. S. 309—315.

Ludger Brenninkmeyer, Die Amsterdamer Effektenbörse. S. 168/69.

daher in den Jahren von 1900 ab den 2—3 % mehr bringenden erststelligen kanadischen Hypotheken und den Obligationen bzw. Vorzugsaktien amerikanischer Industriegesellschaften zu, so daß schon 1906 auf dem Amsterdamer Kurszettel ebensoviel Anteile amerikanischer wie holländischer industrieller Unternehmungen zu finden waren[1]). Von den common shares des Steel Trusts sollen 1913 50 bis 60 Millionen Dollar, von den fünfprozentigen Obligationen noch größere Summen im Besitz holländischer Kapitalisten gewesen sein.

Eine genaue Schätzung der vor dem Weltkrieg in Holland befindlichen amerikanischen Werte, wie sie George Paish für England aufgestellt hat, habe ich nicht finden können. Finanzielle Zeitschriften bezifferten damals ihren Gesamtbetrag auf 600—800 Millionen Dollar. In das oben aufgemachte Effektendebet der Union an Europa habe ich daher für Holland die in der Mitte liegende Summe eingestellt, besonders weil auch Conant die gleiche Summe (700 Millionen Dollar) für 1906 annahm[2]). Daß sie nicht zu hoch ist, ergibt sich daraus, daß allein der von den Administrationskontoren verwaltete[3]) Besitz vor dem Weltkrieg auf 140—150 Millionen Dollar geschätzt wurde, während die überwiegende Mehrzahl der Kapitalisten ihre amerikanischen Effekten an den Börsen in Amsterdam oder Rotterdam kaufte und selbst verwaltete.

Deutschland.

Auch für Deutschland fehlt eine eingehend begründete Schätzung der dort vor dem Kriege befindlichen amerikanischen Werte. Daß die damals an deutschen Börsen eingeführten Posten hierfür nicht maßgebend sein können, erwähnte ich schon mit Bezug auf Europa, da unbekannt bleibt, wieviel von den nicht abgesetzten Effekten in die

---

[1]) G. Vissering, la bourse d'Amsterdam. Revue économique internationale. 3. Jahrg. (1906) Bd. I. S 523, 531 u. 532.

[2]) Charles A. Conant, Selling American Securities Abroad. North American Review Bd. 183 (September 1906). S. 511.

[3]) Diese Verwaltung geschieht in der Weise, daß die Kontore ganze Posten amerikanischer Effekten übernehmen und auf ihren Namen eintragen lassen, so daß sie das Stimmrecht in der Generalversammlung haben und dadurch den Geschäftsgang des Unternehmens beeinflussen können. Für den übernommenen Gesamtbetrag geben sie entweder mit Coupons versehene Certifikate aus, die auf einen oder meistens mehrere Anteile des amerikanischen Unternehmens lauten, oder aber sie beteiligen sich an verschiedenen Gesellschaften und verschaffen sich das hierzu nötige Kapital durch Ausgabe vierprozentiger Obligationen ihres eigenen Unternehmens.

Union zurückgegangen, wieviel davon später abgestoßen worden sind.

Zulassung amerikanischer Wertpapiere an deutschen Börsen[1]).

1899	318,7	Millionen Mark
1900	33,3	„ „
1901	—	„ „
1902	170,2	, „
1903	172,9	„ „
1904	567,0	„ „
1905	2361,7	„ „
1906	526,3	„ „
1907	115,5	„ „
1908	—	„ „
1909	172,4	„ „

Vor der Krisis von 1907 wurden die in deutschen Händen befindlichen amerikanischen Effekten auf 500 Mill. Dollar geschätzt[2]), eine Summe, die 1913 nicht mehr stimmte, da die infolge der Krisis von 1907 abgestoßenen Werte nur zum kleinsten Teil wieder erworben wurden. Fand doch der deutsche spekulative Anlagebesitzer seit der 1909 begonnenen wirtschaftlichen Hochkonjunktur genug hochverzinsliche Anteile guter industrieller Unternehmungen mit Kurssteigerungschancen auf dem deutschen Kassamarkt, während der eigentliche Spekulant wegen der seit 1909 nicht unterbrochenen Stagnation des nordamerikanischen Wirtschaftslebens und der New Yorker Börse wohl kaum Lust hatte, große Engagements dort einzugehen[3]).

Nachdem jahrzehntelang nur amerikanische Eisenbahnbonds in Deutschland abgesetzt waren, gelangten 1904 und 1905 die ersten Eisenbahnaktien zur Einführung an der Berliner und Frankfurter Börse, im ersteren Jahr 100 Millionen Dollar der Baltimore und Ohio-Bahn (Emissionshaus: Deutsche Bank), im letzteren Jahr 400 Millionen Dollar der Pennsylvania-Bahn (Emissionshaus: Direktion der Diskontogesellschaft). An der Frankfurter Börse wurden 1913

---

[1]) Vierteljahrhefte für Statistik des deutschen Reichs 1908, Heft 2; 1910, Heft 1.

[2]) v. Halle, Statistik der Aktiengesellschaften in den Vereinigten Staaten. Handwörterbuch der Staatswissenschaften, 3. Auflage, Bd. I. und S. 384.

[3]) Arthur von Gwinner, Direktor der Deutschen Bank, schätzte 1911 die Gesamtsumme der im Deutschen Besitz befindlichen amerikanischen Effekten auf 465 Mill. Dollar.

52 verschiedene Bondsgattungen von 32 Eisenbahngesellschaften und Anleihen der Städte Chicago, St. Louis und Evansville gehandelt[1]), an der Berliner Börse 23 Bondsgattungen von 16 verschiedenen Eisenbahngesellschaften.

Die Hauptvermittler des Absatzes amerikanischer Effekten in Deutschland waren vor dem Kriege die Großbanken, besonders die Deutsche Bank, die einen eigenen Vertreter in New York hatte, und die Direktion der Diskontogesellschaft, sowie einige Privatbankhäuser, vor allem Lazard Speyer-Ellissen in Frankfurt a. M., deren Filiale in New York Speyer & Co. firmiert, und S. Bleichröder in Berlin, der freilich seine kommanditistische Beteiligung an der New Yorker Bankfirma Ladenburg, Thalmann & Co. schon 1912 aufgab. Das gleiche gilt für die Berliner Handelsgesellschaft mit Bezug auf das New Yorker Bankhaus Hallgarten & Co. Eine kurz vor der Krisis von 1907 für den Absatz amerikanischer Fonds in Berlin von der Darmstädter Bank und der erwähnten Firma Ladenburg, Thalmann & Co. gegründete Bank, die Amerikabank, mußte wegen der in der Krisis erlittenen Verluste an amerikanischen Werten bald darauf liquidieren.

Frankreich.

Vor 1914 nahm man im allgemeinen an, daß die Kapitalbildung der Vereinigten Staaten noch auf Jahrzehnte hinaus hinter dem Kapitalbedarf zurückbleiben würde. Verkündigte doch der Eisenbahnmagnat Hill 1913, daß die Eisenbahngesellschaften der Union im nächsten Jahrzehnt 1000 Millionen Dollar jährlich brauchten, um auf der Höhe zu bleiben. Daß diese nicht im Lande aufgebracht werden konnten, war allen klar, da schon der laufende Kapitalbedarf dort keine Deckung fand, England, Holland und Deutschland aber mit amerikanischen Effekten staturiert waren. Dazu kam, daß England ein weites wirtschaftliches Betätigungsfeld in seinen Kolonien, vor allem in Kanada und Australien hatte, Deutschland durch seine enorme industrielle Expansion in Anspruch genommen war, während sich Hollands Kapitalisten nach Kanada gewandt hatten, wo erststellige Hypotheken 7 % Zinsen brachten, d. h. bei gleicher Verzinsung eine höhere Sicherheit boten, als die Vorzugsaktien nordamerikanischer Industriegesellschaften. Belgiens Kapitalisten aber waren sehr stark in Rußland, Ostasien, Italien und Südamerika engagiert. So war denn die

---

[1]) 1872 wurden an der Frankfurter Börse 18 amerikanische Stadtanleihen und 35 Eisenbahnbonds notiert.

Union kurz vor dem Weltkrieg mit ihren Kapitalbedürfnissen auf die zwei übrigen exportkapitalistischen Länder Europas, Frankreich und die Schweiz angewiesen.

Für Frankreichs Wiederauftreten auf dem nordamerikanischen Effektenmarkt, von dem es sich, von wenigen Ausnahmen abgesehen, hundertundzwanzig Jahre ferngehalten hatte[1]), waren nicht nur wirtschaftliche, sondern auch psychologische Momente bestimmend. Französische Kapitalisten hatten in den letzten Jahrzehnten enorme Summen an den verschiedenen Staatsanleihen der alten Welt verloren.

In Spanien	1874	3600 Mill. Fr.
In der Türkei	1876	2000 „ „
In Südamerika und Tunis . . .	1880—90	1000 „ „
		6600 Mill. Fr.

Dazu kamen die am Goldminenmarkt eingebüßten Summen, die am Einführungskurs der in Paris notierten Anteile von 154 Gesellschaften gemessen 3000 Millionen Fr. betrugen[2]), und die am Kursrückgang der russischen und französischen Rente, sowie sicherer, heimischer Eisenbahnanteile, freilich meistens nur auf dem Papier, erlittenen Verluste, die sich Ende 1910 auf 5500 Millionen Franks beliefen[3]). Es war daher nicht verwunderlich, daß sich ein Teil des französischen Kapitalüberflusses dem nordamerikanischen Effektenmarkt zuwandte, besonders da die allgemeine Lebensteuerung bei vielen Kapitalisten den Wunsch nach höher verzinslichen Anlagen weckte. Als politisches Moment ist zu erwähnen, daß konservativ und klerikal gesinnte Kreise infolge der nach ihrer Ansicht zunehmenden Schwäche der Regierung gegenüber dem Sozialismus und der rücksichtslosen Konfiskation aller Kirchengüter ein in französischen Mobilien oder Grundeigentum angelegtes Vermögen nicht mehr für sicher hielten.

Machte die Plazierung amerikanischer Werte wegen des großen Kapitalreichtums[4]) des Landes und der in allen De-

---

[1]) Von 1777—1783 hatte Frankreich 6,3 Millionen Dollar amerikanischer Kriegsanleihen übernommen, weit mehr als Holland und Spanien, und war dadurch der wichtigste Bundesgenosse des jungen Staates geworden.

[2]) L. G. Chiozza Money, la richesse en Angleterre. Revue économique internationale. 5. Jahrgang, Bd. 4. S. 59.

[3]) Jules Doumergue, Cinq Milliards et demi sur les placements de tout repos. La Réforme économique. 20. Jahrgang (1911). S. 1 u. 2.

[4]) Nach Leroy-Beaulien betrug das jährliche Einkommen des französischen Volkes vor dem Weltkrieg 25—27 Milliarden Francs, von denen 2500 Millionen zurückgelegt wurden. 500—600 Millionen wurden in Land und Gebäuden investiert, 100—180 Millionen dienten zum Kauf von Leib-

partements befindlichen zahlreichen Filialen der meistens als Emissionshäuser fungierenden großen Banken (Credit Lyonnais, Société générale, Comptoir national d'Escompte, Banque de Paris et des Pays-Bas) keine Schwierigkeiten, so zeigte sich doch die Schwerfälligkeit des französischen Kapitalisten, den die verschiedenen Bondsgattungen (First, second oder third mortgage bonds, consolidated mortgage bonds, collateral trust bonds, income bonds, terminal bonds) verwirrten [1]), und der die bei den meisten europäischen Eisenbahnbonds bestehende staatliche Zinsgarantie vermißte. Während die in der Börsenkrisis in New York im Oktober 1903 stark gesunkenen Kurse guter amerikanischer Werte erst vereinzelte Bankiers und Kapitalisten zu Ankäufen veranlaßten, wurden drei Jahre später, (im Juni 1906) die ersten Eisenbahnbonds an der Pariser Börse eingeführt. Es waren 50 Millionen Dollar Obligationen (Zinsfuß $3^1/_4$ %) der Pennsylvania Bahn. 1907 gelangten 29 Millionen Dollar vierprozentiger Bonds der New York, New Haven und Hartford-Eisenbahn dort zur Notierung [2]).

Da 1907 verhältnismäßig wenig französische Kapitalien in amerikanischen Effekten angelegt wurden — Neymarck schätzt die Gesamtsumme für 1906 auf 125 Millionen Dollar — und auch diese nur in erstklassigen bonds [3]), machten sich die Wirkungen der amerikanischen Krisis von 1907 in Frankreich nicht bemerkbar, so daß Pariser Banken in der schlimmsten Zeit der Geldknappheit 100 Millionen Dollar gegen Lombardierung von New Yorker Stadtanleihen und anderen sicheren Werten nach New York senden konnten, eine Hilfeleistung, die die dortige Bankwelt ermutigte, sich den Pariser Kapitalmarkt für dauernde Anlagen dienstbar zu machen und so einen Teil der überschüssigen französischen Kapitalien in die Union zu ziehen [4]). Als daher die Nachwehen der Krisis 1909 überwunden waren, gelangten 50 Millionen Dollar vierprozentige bonds der Chicago, Mil-

---

renten, so daß 1800 Millionen Francs alljährlich auf den Effektenmarkt flossen.

Yvès Guyot, The Resources of French Investors. Financial Review od Reviews. Januar 1909.

[1]) Die französischen Eisenbahnen haben verschieden berechtigte Obligationen nicht ausgegeben, vielmehr steht allen Obligationen dasselbe Recht an den Aktiva der Gesellschaft zu.

[2]) Der Gesamtbetrag der in Frankreich 1906 neuemittierten ausländischen Effekten betrug 850 Millionen Dollar.

[3]) Eine Ausnahme bildete ein kleiner Posten von Aktien der Westinghouse Company, der 1907, unmittelbar vor dem Zusammenbruch der Gesellschaft, in Paris abgesetzt wurde.

[4]) Yvès Guyot, le placement des capitaux français en valeurs américaines. Journal des Économistes. 69. Jahrg. (1910). S. 434—439.

waukee und St. Paul-Eisenbahn und 10 Millionen Dollar vierprozentiger bonds der Cleveland, Cincinnati, Chicago und St. Louis-Bahn zur Notierung an der Pariser Börse, während die Coulisse im Juni 1909 die common shares der Utah Copper und der United States Rubber Company zum Handel zuließ. Morgans Absicht, damals 100 Millionen Dollar common shares des Steeltrusts an der Pariser Börse einzuführen, scheiterte freilich an den hohen, ungefähr 10 % der Dividende ausmachenden Besteuerung[1]), der alle in Frankreich gehandelten Aktien und Obligationen (Staatsanleihen sind davon befreit) damals unterlagen. Dazu kam, daß die Gesamtsumme der eingeführten Aktien besteuert worden wäre, ganz gleich wieviel davon abgesetzt worden wäre[2]).

1913 wurden an der Pariser Börse neun Bondsgattungen von 8 verschiedenen Eisenbahngesellschaften im Gesamtnominalwert von 211,5 Millionen Dollar notiert. Dazu kamen 20 Millionen Dollar common shares der Atchison, Topeka und Santa Fè-Bahn, 75 Millionen Dollar preferred shares der American Smelting und Refining Company, 38,5 Mill. Dollar preferred shares der Philadelphia Company[3]). Anleihen amerikanischer Städte wurden damals in Paris nicht notiert; zwar haben Baltimore, Chicago, Milwaukee, Philadelphia und Portland versucht, ihre Anleihen dort unterzubringen, indessen erschien die von ihnen gebotene vierprozentige Verzinsung den französischen Banken zu gering. An der Coulisse wurden 1912 drei Eisenbahnbonds und die Aktien der Franco Wyoming, der California Petroleum-, der United States Rubber-, der Utah Copper- und der Ray Consolidated Copper-Company gehandelt[4]). Für die Einfuhr fran-

---

[1]) Es waren dies:
- a) l'impôt sur le timbre, d. h. 6 centimes, die bei der Emission für je 100 Francs Nominalwert zu zahlen waren.
- b) l'impôt de transmission, d. h. 25 centimes, die bei der Emission von Inhaberaktien für je 100 Francs Nominalwert zu zahlen waren.
- c) l' impôt sur le revenu, eine jährlich zu entrichtende Steuer von 4% des Einkommens, das ein Wertpapier brachte.

[2]) Marc de Valette, The Placing of American Securities in France. Moody's Magazine. Bd. 11 (Januar 1911). S. 37—43.

[3]) Die Philadelphia Company ist eine sogenannte Holding Company. Ihr Hauptbesitz sind die Anteile der Pittsburg Railway Company, der 600 Meilen elektrische Bahnen in dem industriereichen Bezirk um Pittsburg, sowie die Gasanstalten dort gehören.

[4]) Paul Leroy-Beaulieu, les valeurs americaines en France. Économiste Français. 37. Jahrg. (1909). S. 41—43.

James Edmund Dunning, American Securities in Europe. North American Review. Bd. 194 (Oktober 1911). S. 555.

Frank D. Pavey, Sales of American Securities in France.' North American Review. Bd. 190 (Dezember 1909). S. 811—818.

zösischen Kapitals auf den amerikanischen Effektenmarkt waren vor 1914 hauptsächlich die Bankfirmen Morgan, Harjes & Co., eine Filiale von J. P. Morgan & Co. in New York, Lazard Frères, eine Filiale des gleichnamigen New Yorker Hauses, John Munroe & Co. und die eigens dafür gegründeten zwei Banken, die Banque franco-américaine financiére und die Banque franco-américaine pour le commerce et l'industrie, ferner die Société financiere franco-américaine (50 Mill. Fr. Kapital) und die Compagnie française pour l'Amérique du Nord tätig. Den Absatz der nicht an der Pariser Börse gehandelten Werte der Union vermittelten verschiedene kleinere Bankhäuser und die Pariser Filialen einiger New Yorker Stockbrokerfirmen.

Der Gesamtnominalwert der an der Pariser Börse (Parquet und Coulisse) 1913 notierten amerikanischen Effekten belief sich auf ungefähr 400 Millionen Dollar, ein Betrag, den man der Schätzung des Gesamtbesitzes amerikanischer Effekten in Frankreich zu Grunde legen kann, da die an der Pariser Börse gehandelten amerikanischen Fonds zum größten Teil als Anlagewerte gekauft waren. Hierzu kamen 300 Millionen Dollar unnotierter amerikanischer Effekten, die New Yorker bzw. Londoner Bankiers dorthin gebracht hatten. Diese Summe dürfte nicht zu hoch geschätzt sein, da die Effektenschuld der Union an Frankreich vor der Einführung amerikanischer Werte in Paris von Neymarck auf 200 Millionen, von Charles F. Speare sogar auf 300 Millionen Dollar taxiert wurde.

Die Schweiz, Belgien und das übrige Europa.

Das von den übrigen Ländern Europas vor dem Weltkrieg in amerikanischen Effekten investierte Kapital betrug ungefähr 150 Millionen Dollar. Zwei Drittel davon entfielen auf die Schweiz, die schon 1855 amerikanische Fonds kaufte und seitdem im Verhältnis zur Bevölkerung ziemlich bedeutende Kapitalmengen in der Union investiert hatte. An die Stelle der Genfer Bankhäuser, die diese Kapitaleinfuhr früher vermittelten, traten dann die Société financière Suisse-Américaine, die schweizerische Gesellschaft für nordamerikanische Werte in Basel, die Schweizerische Kreditanstalt und der Schweizerische Bankverein in Basel und Zürich, der eine Filiale in London besitzt und in den letzten Jahren vor dem Kriege verschiedene amerikanische Werte an den Börsen in Basel und Zürich einführte. 1913 wurden 9 Eisenbahnbonds, die Obligationen der Salmon

River Power Company, die common shares der Pennsylvania- und der Baltimore und Ohio-Bahn an ihnen notiert[1]).

An der Börse in Brüssel wurden nur zwei amerikanische Eisenbahnbonds gehandelt[2]). Rußland, Italien, Spanien, Portugal, Österreich-Ungarn und die Balkanstaaten haben ihren eigenen Kapitalbedarf niemals selbst aufbringen können, so daß dort nur vereinzelte Posten amerikanischer Effekten dauernd untergebracht waren. Indessen waren einzelne Wiener und Pester Spekulanten am Amerikaner-Markt in London lebhaft interessiert. Vermittler dieser spekulativen Transaktionen war die Anglo-Austrian-Bank, die eine Filiale in London hatte und die von drei großen ungarischen Banken gegründete Transatlantic Trust Company in New York.

9. Ursachen der Kapitaleinfuhr in die Vereinigten Staaten.

Die Union ist diejenige Volkswirtschaft, in der der Kapitalismus das gesamte Leben der Nation am tiefsten durchdrungen hat, die Verbörsianisierung des Wirtschaftslebens, d. h. die Unterwerfung aller wirtschaftlichen Vorgänge unter die Börse als dem Zentralorgan alles hochkapitalistischen Handels, am weitesten vorgeschritten ist.

33 % des Nationalvermögens hatte bereits 1912 Effektenform und war nach Wood in den Händen von $2^1/_2$ Millionen Effektenbesitzern.

Von Aktiengesellschaften wurden 1912 produziert in der:

Stahl- und Eisenindustrie	84 %	der Produkte
chemischen Industrie	81 %	„ „
Fahrzeugindustrie	85 %	„ „
Metallindustrie (nicht Stahl u. Eisen) .	77 %	„ „
Schiffbau	74 %	„ „
Brauindustrie	72 %	„ „
Nahrungsmittelindustrie	66 %	„ „
Papier- und Druckindustrie	66 %	„ „
Glasindustrie	50 %	„ „
Textilindustrie	50 %	„ „

Der internationale Effektenkapitalismus, d. h. die Beteiligung einer Volkswirtschaft an den Erträgen der anderen vermittels des Erwerbes ihrer Effekten, übte daher seine stärksten Wirkungen in den Vereinigten Staaten aus[3]).

[1]) Dem Absatz amerikanischer, an den Schweizer Börsen nicht gehandelter Werte diente die Zürich-American Trust Company in Zürich.

[2]) Die Unterbringung amerikanischer Effekten in Belgien vermittelten vor allem die Société financière franco-américaine und die Société financinancière des valeurs américaines (30 Millionen Francs Kapital).

[3]) P. Leroy-Beaulieu, The United States in the Twentieth Century. S. 191.

Die Ursachen lagen einmal in den engen, persönlichen Beziehungen, die die Einwanderung zwischen der kapitalgebenden alten und der kapitalnehmenden neuen Welt geflochten hatte und immer noch flicht, dann aber in dem intensiven Warenaustausch beider Welten, der eine genaue Kenntnis der gegenseitigen ökonomischen Verhältnisse schaffte und einen ausgedehnten Waren- und Wechselkredit, den Schrittmacher jedes Kredits in Effektenform bedingte. Von den 33,2 Millionen Menschen, die in den hundert Jahren 1821 bis 1921 in die Union wanderten, kamen 8,5 Millionen aus Großbritannien, 5,5 Millionen aus Deutschland. An dem Außenhandel der Union waren vor dem Weltkrieg (1. Juli 1911 bis 30. Juni 1912) am stärksten diejenigen vier europäischen Länder beteiligt, deren Besitz amerikanischer Effekten den aller übrigen weit übertraf.

	Beteiligung am nordamerikan. Außenhandel in Mill. D.	Besitz nordamerikan. Effekten in Mill. D. (Schätzung)
Großbritannien	837,3	3344
Deutschland	477,9	350
Frankreich	259,9	700
Niederlande	139,3	700

Dazu kamen die für jeden Kapitalexport gegen Gewährung von Effekten maßgebenden Motive, so das Streben nach einer höheren Verzinsung als in der Heimat, ein Wunsch, der von Jahr zu Jahr in denjenigen Kreisen europäischer Kapitalisten wuchs, die die Rente festverzinslicher Papiere mit den zunehmenden Lebenskosten in Einklang bringen mußten. Waren doch diese in den letzten Jahren so gestiegen, daß eine fünfprozentige Verzinsung 1913 dieselbe Kaufkraft hatte wie eine viereinviertelprozentige 1905. Die amerikanische Bankwelt trug dem Rechnung. Während 1904 nur 7 % aller Neuemissionen festverzinslicher Wertpapiere fünfprozentig waren, stieg dieser Satz 1912 auf 37 %. Daß festverzinsliche Effekten der Union damals immer noch einen weit höheren Ertrag brachten als die dementsprechenden Werte Englands, Deutschlands, Frankreichs und Hollands ergibt die Tatsache, daß die Vorzugsaktien industrieller Gesellschaften, die den deutschen Industrieobligationen entsprachen, sich mit $6^1/_4$ bis $7^1/_4$ % verzinsten; der Durchschnittszinsfuß der Eisenbahnbonds, deren Gesamtsumme doppelt so groß war wie die der Anleihen der Union, der Einzelstaaten und der Städte, betrug freilich nur 4,20 %. Der nur im Interesse des Absatzes heimischer Industrieprodukte stattgefundene europäische Kapitalexport hörte freilich mit der zunehmenden Industrialisierung der Vereinigten Staaten völlig auf.

Während die höhere Verzinsung die europäischen Kapitalisten heranzog, wurden die Spekulanten der alten Welt durch die in jedem Jahre stattfindenden enormen Kursschwankungen auf den New Yorker Effektenmarkt gelockt. In dem völlig normalen, weder zur Hausse noch zur Baisse neigenden Jahre 1910 wiesen die beiden Favoritpapiere des Verkehrswesens und der Industrie, nämlich die Aktien der Union Pacific-Bahn und die Steel common shares, obschon die Dividende beider Unternehmungen seit mehreren Jahren dieselbe geblieben war und blieb, die folgenden großen Schwankungen auf:

	Union Pacific-Bahn	Steel common shares
8. Jan.	204	91
12. Febr.	128	75
12. März	193	89
7. Mai	175	78
21. Mai	186	85
30. Juli	152	61
26. November	178	81
10. Dezember	165	70

Diese spekulative Betätigung europäischer Kapitalisten in New York ist in den Jahren 1837—1907 noch dadurch gefördert worden, daß verschiedene Male Stagnationsperioden der großen europäischen Börsen mit Hausseperioden in New York zusammenfielen, so daß die in London, Paris oder Berlin fehlenden spekulativen Bewegungen in Wallstreet ausgenutzt werden konnten.

Krisen

England	in der Union
1837	1837
1848	——
1857	1857
1866	——
1873	1873
1882	——
1890	——
——	1893
1900	——
——	1903
1907	1907

Das Prinzip der europäischen Bankwelt, amerikanische Fonds als schnell und ohne Verlust zu realisierende Reserven für Kriegs- und Krisenzeiten in der alten Welt zu erwerben, hat sich freilich nur bewährt, wenn in den Vereinigten Staaten eine so ausgesprochene Haussetendenz herrschte, daß die in Europa abgestoßenen Wertpapiermengen glatt und ohne Kurssenkungen aufgenommen werden konnten. Das geschah z. B. 1866 und 1870. Dagegen führten die infolge des Ausbruchs des Balkankrieges im Herbst 1912 aus Europa nach New York zurückströmenden amerikanischen Effekten einen starken Kursdruck herbei, so daß die führenden Werte um durchschnittlich 10—15 % nachgaben[1]). In weit stärkerem Maß trat dies in Erscheinung, als der Weltkrieg ausbrach.

Die Vermittler des europäischen Kapitalimports in die Union gegen Übernahme von Effekten waren die zahlreichen erwähnten internationalen Bankiers, seine Basis ras Bestehen einer hochentwickelten Fondsbörse wie der Stock Exchange in New York einerseits, einer ausgebildeten Spekulation andererseits. Während die Effektenbörse den größten Teil der in die Union strömenden europäischen Kapitalien wie ein automatisch wirkender Saugapparat konzentrierte und dann durch Tausende von Kanälen über das Land verteilte, sorgte die Spekulation dafür, daß ein dauernder Markt bestand, auf dem der Kapitalist der alten Welt Effekten kaufen und verkaufen konnte, während ihr Kurs ihn über den Stand der einzelnen Unternehmungen unterrichtete.

„La spéculation est le rouage central, le cœur même qui appelle le sang, le prend partout par petits ruisseaux, l'amasse, le renforce en fleuves dans tous les sens, établit une énorme circulation d'argent qui est la vie même des grandes affaires. Sans elle les grands mouvements de capitaux sont radicalement impossibles[2]).

Die rasche Entwicklung der New Yorker Fondsbörse illustrieren folgende Zahlen:

New Yorker Fondsbörse

	Mitgliederzahl.
1817	25
1869	1060
1912	1100
1924	1100

---

[1]) Am 9. Oktober 1912, dem Tage nach der Kursderoute der großen europäischen Effektenmärkte, mußte die New Yorker Börse 250 000 Stück Canadian Pacific-, Union Pacific-, Baltimore und Ohio-, Steel common- und Amalgated Copper-Aktien aufnehmen.

[2]) Zola, l'argent. S. 119.

Gesamtumsatz von Aktien und Obligationen in Millionen D.

1890	472
1900	716
1910	797
1920	4179
1923	2991

Nominalwert der zum Handel zugelassenen Wertpapiere.

1868	3 000	Millionen Dollar
1902	25 300	„ „
1910	15 000	„ „

Wert eines Börsensitzes.

1827	100	Dollar
1862	3 000	„
1882	32 000	„
1910	78 000	„
1913	45 000	„
1920	100 000	„
1923	88 000	„
1925	135 000	„

10. Wirkungen der Kapitaleinfuhr in die Union.

Bei den Wirkungen des europäischen Kapitalimports in die Union gegen Übernahme von Effekten sind die weltwirtschaftlichen von den auf nationalwirtschaftlichem Gebiete liegenden streng zu unterscheiden. Die letzteren sind in bezug auf die Vereinigten Staaten in der ihren wirtschaftlichen Aufstieg behandelnden Einführung ziffernmäßig dargestellt. Hier sei vor allem auf die Entwicklung des Eisenbahnnetzes der Union hingewiesen, das die Basis ihres Wirtschaftslebens bildet und seine enorme Ausdehnung in der Hauptsache europäischem Kapital verdankt:

Länge des Eisenbahnnetzes in Kilometern (nach Neymarck)

	1845	1865	1885	1905	1909
Europa	9160	75610	195175	305407	325193
Vereinigte Staaten	7530	62500	246075	450374	504236

Ohne die Effektifizierung der Eisenbahngesellschaften in England und Holland wäre das Schienennetz gerade in den ersten Jahrzehnten kaum gewachsen, da das junge Land nicht genügend Barkapital zum Ankauf englischer Lokomotiven und Schienen besaß. So dagegen wurden diese mit bonds bezahlt, während die preferred shares zur Entlohnung englischer Ingenieure dienten, und die common shares die Prämie der Londoner Bankiers für Unterbringung der bonds in Europa waren.

England wiederum erwarb durch Förderung des Eisenbahnbaues für seinen Warenabsatz in der Union erhöhte Chancen [1]), so daß es damals an ihrem Außenhandel mit mehr als der Hälfte beteiligt war.

Handel der Vereinigten Staaten mit:

	England	Anderen Ländern
1790	55 %	45 %
1830	50 %	50 %
1870	46 %	54 %
1910	27 %	73 %.

Schädlich hat die Einfuhr europäischen Kapitals auf den amerikanischen Effektenmarkt nur insofern gewirkt, als infolge des öfteren zeitlichen Auseinanderfallens der Aufschwungbewegungen beider Erdteile die Hausseperiode in der Union häufig so verstärkt wurde, daß spekulative Übertreibungen eintraten, die dann zu einem durch die Entziehung europäischen Kapitals noch schwerer wirkenden Rückschlag führten. Dabei traten in den anderthalb Jahrzehnten 1897—1912 Wechselwirkungen insofern ein, als sowohl 1897—1900 wie auch 1909—1912 große Summen amerikanischen Kapitals auf den Londoner und Berliner Geldmarkt kamen und als Spekulationskredite Verwendung fanden [2]), während andererseits die Aufschwungbewegung der New Yorker Börse, die nach Beendigung des spanisch-amerikanischen Krieges einsetzte und bis 1903 dauerte, nur dadurch möglich war, daß die 1900—1903 herrschende Depression des gesamten europäischen Wirtschaftslebens die dort brach liegenden Kapitalien nach New York führte.

Auf weltwirtschaftlichem Gebiet lag die Hauptbedeutung des europäischen Kapitalimports in die Union in der Benutzung amerikanischer Effekten als Zahlungsmittel zwischen der alten und der neuen Welt. Haben die Vereinigten Staaten auch nur 6,5 % der Bevölkerung der ganzen Erde, so produzieren sie doch 25 % des Weizens, 24 % des Goldes, 38 % des Silbers, 60 % des Petroleums und 70 % aller Baumwolle, Produkte, auf deren Bezug Europa angewiesen ist.

---

[1]) Noch 1870 wurde die Hälfte der zum nordamerikanischen Eisenbahnbau gebrauchten Schienen aus England bezogen.

[2]) Als Frankreich seine dem Berliner Geldmarkt gewährten täglichen Gelder während der Marokkokrisis im Sommer 1911 plötzlich zurückzog, sprang Nordamerika mit 150 Millionen Dollar ein.

Da aber die Einfuhr europäischer Fabrikate mit der zunehmenden Industrialisierung der Union sank, ist der Überschuß der nordamerikanischen Ausfuhr über die Einfuhr seit 1892 ständig gestiegen. Er betrug:

1892	203	Millionen Dollar
1902	478	„ „
1912	522	„ „
1924	1183	„ „

Daß dieser Ausfuhrüberschuß vor dem Kriege ohne schwere Störungen der großen internationalen Geldmärkte beglichen werden konnte, beruhte lediglich auf dem starken Zins- und Kapitalguthaben, das Europa aus seinem enormen Besitz von Effekten der Vereinigten Staaten diesen gegenüber hatte. Da indessen die Zahlungsbilanz der Vereinigten Staaten infolge der Ausgaben amerikanischer Touristen, der Heimsendungen Eingewanderter und der Frachtzahlungen an europäische Reedereien trotzdem in der Regel eine passive war, würde sie zum Teil durch amerikanische Effekten oder Darlehen, die die Londoner Bankwelt, der New Yorker gegen Lombardierung amerikanischer Werte gab, ausgeglichen.

Zweiter Abschnitt. Die Kapitalausfuhr bis zum Weltkriege.

1. 1895–1901.

Infolge einer zufälligen weltwirtschaftlichen Konstellation hatte Nordamerika in den Jahren 1899 und 1900 einen Überfluß an Kapitalien, deren Unterbringung den Rückkauf großer Posten eigener Effekten aus Europa bewirkte. Die Ursachen dieser Konstellation waren die aufeinanderfolgenden guten Ernten Ende der neunziger Jahre, denen schlechte europäische gegenüberstanden, sowie die hierdurch herbeigeführte Einnahmesteigerung der 1895 bis 1898 reorganisierten Eisenbahnen, ferner die Erschließung neuer Bergwerke in Alabama und am Lake Superior, deren Erzeugnisse nach Europa gingen, endlich die Zunahme der Ausfuhr industrieller Fabrikate und die auf der Kandidatur Bryans beruhende Zurückhaltung der Geschäftswelt, die auch nach der Wahl Mc. Kinleys nicht wich, da die Zahl der Silberwährungsleute zu groß war, um die Unerschütterlichkeit der Goldwährung gesichert erscheinen zu lassen. Infolgedessen wurde der Überschuß der Ausfuhr der Union über die Einfuhr Ende der neunziger Jahre so groß, daß er in den Schuldenzinsen an Europa, den Ausgaben amerikanischer Touristen dort, Frachtzahlungen und Heimsendungen Eingewanderter einen nur teilweisen Ausgleich fand und eine starke Aktivität der amerikanischen Zahlungsbilanz herbeiführte.

Überschuß der Ausfuhr über die Einfuhr in Millionen Dollar.

1895	23
1896	324
1897	357
1898	621
1899	477
1900	649
1901	585
1902	478

Von dem in den drei Jahren 1898—1900 einschließlich entstandenen Ausfuhrüberschuß von 1747 Millionen Dollar waren ungefähr 840 Millionen Dollar, der Gesamtbetrag der in diesen Jahren an Europa gezahlten Summen, abzuziehen[1]). Ihr Jahresdurchschnitt (280 Millionen Dollar) setzte sich aus folgenden Posten zusammen:

Schuldenzinsen	90 Mill. D.
Frachten	30 „ „
Ausgaben amerikanischer Touristen in Europa	60 „ „
Geldsendungen Eingewanderter nach Europa[2])	100 „ „
	280 Mill. D.

Die Zahlungsbilanz der Vereinigten Staaten wies also für die Jahre 1898—1900 einen Aktivsaldo von 907 Mill. Dollar auf, den Europa zur Vermeidung ruinöser Goldexporte mit Effekten begleichen mußte, so daß ein Teil der in der Alten Welt untergebrachten nordamerikanischen Wertpapiere damals zurückging. Die Schätzung ihres Gesamtbetrages schwankt zwischen 450 und 1050 Millionen Dollar. Sieben große internationale Bankhäuser in New York rechneten aus, daß im Jahre 1898 für 260 Millionen Dollar, vom 1. Januar bis zum 1. August 1899, für 115 Mill.

[1]) Walter F. Ford, American Investments in England. Contemporary Review. Bd. 81 (1902) S. 401.

[2]) Speare schätzte die nach Europa gesandten Geldbeträge Eingewanderter 1908 auf 250 Millionen Dollar und meinte, daß ihr Gesamtbetrag jährlich um 10% wachse. Er würde demnach 1898 ungefähr 100 Millionen Dollar betragen haben. Charles F. Speare, What America pays Europe for Immigrant Labor. North American Review. Bd. 187 (1908 S. 107).

Dollar amerikanische bonds nach New York zurückgegangen seien, ferner ein Drittel bis die Hälfte dieser Summen in Aktien. Die vom 1. August 1899 bis zum 31. Dezember 1900 von amerikanischen Kapitalisten zurückgekauften Effekten bezifferte Raffalovich[1]) auf 400 Millionen Dollar, so daß sich 900 Millionen Dollar für die Jahre 1898 bis 1900 ergeben würden. Zu einem etwas höheren Ergebnis, nämlich 1050 Millionen Dollar, kamen N. T. Bacon in der New York Times und Conant[2]), zu einem etwas niedrigeren (800 Millionen Dollar) der Final Report of the Industrial Commission (Bd. 19, S. 39).

Der 1899 und 1900 von der Union aufgenommene Betrag europäischer Effekten kann hier nicht in Rechnung gestellt werden, da er lediglich einen Ausgleich der in diesen Jahren auf 200—300 Millionen Dollar geschätzten Kredite amerikanischer Bankhäuser an Europa darstellte[3]). Nachdem New Yorker Bankiers schon im Februar 1899 10 Millionen Dollar deutscher Reichsanleihe aufgenommen hatten, wurden im Jahre 1900 die folgenden europäischen Anleihen in New York untergebracht:

im März 50 Mill. Dollar englische Kriegsanleihe,
im April 25 Mill. Dollar 4%ige Obligationen der russischen Wladikawkas-Eisenbahn,
im August 28 Mill. Dollar englische Schatzscheine,
im September 20 Mill. Dollar deutsche Reichsschatzscheine,
im September 10 Mill. Dollar schwedische Anleihe.

Im Oktober und November 1900 gelangten 50 Millionen Dollar Anleihen der Städte Hamburg, Köln und Frankfurt a. M. zur Notierung an der New Yorker Börse[4]).

---

1) Raffalovich, le marché financier 1900/1901 S. 673—679.

2) Charles A. Conant, The Principles of Money and Banking. S. 346.

3) Frank A. Vanderlip, The American Invasion of Europa, in dem Essayband „Business and Education" S. 272.

4) Die in die Union gelangten europäischen Werte kamen nur zum kleinsten Teile ins Publikum. Die vierprozentigen Obligationen der Wladikawkas-Eisenbahn z. B. dienten zur Bezahlung amerikanischer Eisenwerke für gelieferte Schienen und Lokomotiven, während die deutschen Werte, die sämtlich mündelsicher waren, von denjenigen amerikanischen Versicherungsgesellschaften gekauft wurden, die ihren Geschäftsbetrieb auf Deutschland ausdehnen wollten. Die englischen Kriegsanleihen endlich wurden zum größten Teil von den in den Vereinigten Staaten lebenden Engländern aufgenommen. Ein Teil aber sowohl der englischen wie der deutschen Anleihen wurde nach kurzer Zeit an ihr Emissionsland zurückverkauft.

W. H. Allen, Dollar Diplomacy, A. Menace and a Humbug. Moody's Magazine, Bd. 11 (Juni 1911). S. 411.

Angabe des verstorbenen Georg von Siemens, Direktors der Deutschen Bank.

Die Tatsache, daß große Posten amerikanischer Effekten aus Europa zurückgekauft und erhebliche Summen in Effekten der Alten Welt angelegt werden konnten, hatte die amerikanische Geschäftswelt berauscht. Man träumte schon davon, daß New York der finanzielle Mittelpunkt der Welt werden würde[1]), ein Traum, der sich im Kriege und kurz nachher verwirklichte. Jetzt freilich hat die Welt zwei finanzielle Mittelpunkte: London und New York. Ja als Morgan nach der Gründung der International Mercantile Marine Company verschiedene englische Dampferlinien aufkaufte und mehrere Millionen Mark Aktien der Hamburg-Amerika-Linie und des Norddeutschen Lloyds erwarb, wurde Europa finanziell als unterjocht betrachtet, während der Glaube an die wirtschaftlichen Kräfte der Union ins Ungemessene stieg. Trotz der großen Anforderungen, die die Gründung der großen Trusts und die spekulativen Übertreibungen des Jahres 1901 an den New Yorker Geldmarkt stellten, nahm daher der Rücklauf amerikanischer Werte aus Europa im Jahre 1901 nicht ab, vielmehr wurden 400—600 Millionen Dollar dafür aufgewendet. Nach Ford[2]) verminderte sich die Effektenschuld der Union in Europa in diesem Jahre um 20 %, d. h. fiel von 2000 auf 1600 Millionen Dollar, während der Final Report of Industrial Commission (Bd. 19, S. 39) diese Minderung auf 600 Millionen Dollar bezifferte.

Effektenschuld der Union an Europa.

1. Januar	1899	2800
1. Januar	1901	2000
1. Januar	1902	1400

Daß die im Jahre 1901 für den Rückkauf amerikanischer Werte verwendeten Summen den Aktivsaldo der Union gegenüber Europa schon weit überstiegen, ergab sich daraus, daß amerikanische Bankiers Ende Mai 1901 in London und Paris im Gesamtbetrage von ungefähr 500 Millionen Dollar[3]) verschuldet waren[4]). Der heimische Kapitalbedarf und die spekulativen Bewegungen der Jahre 1901, 1902 und 1903 machten dann dem Rückkauf amerikanischer Werte ein Ende und ließen das Effektendebet der Union an Europa im Jahre 1903 auf eine noch nie dagewesene Höhe

[1]) Vanderlip veröffentlichte im Januar 1902 seinen vielbemerkten Aufsatz: „The American Invasion of Europe", den der oberschlesische Kohlenmagnat Graf Tiele-Winckler verdeutschte und herausgab.

[2]) Walter F. Ford, American Investments in England, Contemporary Review. Bd. 81 (1902). S. 403.

[3]) Sun New York 24. Mai 1901.

[4]) Evening Post New York 22. Mai 1901.

(4000 Millionen Dollar) steigen. Von da ab bis zum Weltkrieg haben die Vereinigten Staaten Kapitalien gegen Gewährung von Effekten nur zur Erweiterung ihres politischen und wirtschaftlichen Machtbereichs ausgeführt.

2. Auswärtige Kapitalanlagen in Effektenform 1901—1914.

Die erste größere amerikanische Anlage im Auslande war der 1885 vollendete Bau mexikanischer Bahnen, deren Anteile in der Union untergebracht wurden. Mexikanische Anleihen gelangten indessen erst 1899 nach der Konvertierung in fünfprozentige zur Notierung an der New Yorker Börse. Es waren 1902 fünf verschiedene Gattungen. Die erste vierprozentige Anleihe trat zwei Jahre später dazu.

Die Einführung der Goldwährung in Mexiko führte naturgemäß eine Vermehrung der amerikanischen Kapitaleinfuhr herbei, so daß 1908 acht verschiedene Anleihegattungen an der Stock Exchange in New York gehandelt wurden, und das in Mexiko investierte amerikanische Kapital von 185 Millionen Dollar im Jahre 1898 [1]), auf 700 Mill. Dollar 1906 [2]), 800 Millionen 1907 [3]) und 1000 Millionen Dollar [4]) 1911 stieg. Davon soll die Hälfte in Eisenbahnen, die Hälfte in Bergwerken, vor allem Silberminen angelegt worden sein. Wieviel davon Effektenform hatte, ist auch nicht einmal schätzungsweise festzustellen, da der größte Teil der von den internationalen Bankiers in New York Kuhn, Loeb & Co., Ladenburg, Thalmann & Co., Speyer & Co., Hallgarten & Co. und den Berliner Großbanken, sowie S. Bleichröder übernommenen mexikanischen Anleihen und Eisenobligationen nach ihrer Auflegung in New York und ihrer Notierung an der Stock Exchange dort nach England, Deutschland und Frankreich ging, Länder, in denen ein fünfprozentiges Staatspapier leichter Abnehmer fand als in der Union, die damals ihren eigenen Kapitalbedarf nicht decken konnte. Das Journal of Commerce schätzte 1913, daß in

---

[1]) Davon steckten 90 Millionen Dollar in Eisenbahnen, 75 Millionen in Bergwerken, 10 Millionen in Banken und Handelshäusern.

N. T. Bacon, American International Indebtness. Yale Review Bd. IX (November 1900). S. 275/76.

[2]) Schätzung des mexikanischen Botschafters in Washington.

[3]) John Barrett, Latin America as a Field for United Staates Capital and Enterprise. Bankers' Magazine New York. Bd. 74 (Juni 1907). S. 920.

[4]) W. D. Hornaday, American Capital in Mexiko. Moody's Magazine, Juli 1907, S. 123.

E. H. Talbot, American Interests in Mexiko. Moody's Magazine April 1911. S. 235.

Bankers Magazine New York schätzte die in Mexiko angelegten amerikanischen Kapitalien 1911 auf 1400 Millionen Dollar.

den Vereinigten Staaten für 22 Mill. Dollar mexikanische Staatsanleihen und für 134 Mill. Dollar vom Staat garantierte mexikanische Eisenbahnobligationen untergebracht waren.

Wie der Kapitalimport nach Mexiko, so diente auch der nach Südamerika neben der Erschließung neuer Absatzgebiete für die amerikanische Industrie der Propagandierung des Panamerikanismus, d. h. eines engeren wirtschaftlichen und politischen Zusammenschlusses zwischen der Union und den auf dem amerikanischen Erdteil gelegenen Staaten[1]). Dem Panamerikanismus einerseits, der zunehmenden Produktion der amerikanischen Industrie für den Export andererseits war es zuzuschreiben, daß die nordamerikanischen Kapitalsanlagen in Central- und Südamerika während der sechzehn Jahren vor dem Weltkrieg enorm zunahmen Während sie nach N. T. Bacon[2]) 1898 erst 105 Millionen Dollar (davon 50 Millionen in Kuba) betrugen, belief sich ihre Gesamtsumme nach der 1912 von der Pan American Union aufgestellten Schätzung[3]) auf 437,5 Millionen Dollar.

Im Gegensatz zu Mexiko, wo der größte Teil des nordamerikanischen Kapitals in Silberbergwerken oder Handelshäusern angelegt war, wurde das in Central- und Südamerika, besonders in letzterem investierte Kapital in der Hauptsache durch Effektifizierung aufgebracht. Abgesehen von Staatsanleihen — an der New Yorker Börse wurden vor 1914 Anleihen von Argentinien, Cuba, Honduras, Costa Rica, Guatemala und San Domingo notiert — waren es hauptsächlich central- und südamerikanische Eisenbahngesellschaften, denen es gelang, ihre Anteile in der Union abzusetzen. Dagegen war vor 1914 die Gewährung von Krediten an Handelshäuser in Zentral- und Südamerika ebenso selten wie die Etablierung nordamerikanischer Firmen dort[4]).

---

[1]) Träger der panamerikanischen Propaganda auf politischem, wirtschaftlichem und kulturellem Gebiet ist die in Washington domizilierte Pan American Union, der die Vereinigten Staaten, Mexiko und sämtliche Republiken Zentral- und Südamerikas als Mitglieder angehören. Panamerikanische Konferenzen fanden statt: 1889 in Washington, 1901 in Mexiko, 1906 in Rio des Janeiro, 1910 in Buenos Aires, 1915 in Washington.

Dr. Johannes Pfitzner, Die panamerikanische Finanzkonferenz 1915 S. 4.

[2]) N. T. Bacon, American International Indebtness. Yale Review. Bd. IX, (November 1900). S. 276.

[3]) John Ball, Osborne, Protection of American Commerce and Capital abroad. North, American Review. Bd. 195 (Mai 1912) S. 689.

[4]) Das beste Beispiel für die geringe Befähigung des Amerikaners zum „foreign business“ liefert die Tatsache, daß 1912 die amerikanische International Banking Corporation im Orient ausschließlich englische Angestellte hatte.

Das gesamte in Südamerika investierte Kapital der Vereinigten Staaten wurde 1913 auf 500 Millionen Dollar geschätzt[1].

Aussichtsreiches Absatzgebiet des industriellen Ostens der Vereinigten Staaten wurde Ostasien erst nach Eröffnung des Panamakanals, da die hohen Frachtspesen des Wasserweges um Südamerika wie auch des Überlandtransportes nach San Fransico vorher nur die Einfuhr von Qualitätsware nach Japan und China lohnend machte. Gerade diese aber war in Ostasien kaum absatzfähig. Wenn sich die Vereinigten Staaten trotzdem schon seit einem Jahrzehnt an der Übernahme japanischer und chinesischer Anleihen, sowie an der Finanzierung verschiedener Eisenbahngesellschaften wie der großen Mandschurischen beteiligten, so waren hierfür fast immer politische Gründe maßgebend. Das nach dem spanisch-amerikanischen Krieg erfolgte Eintreten der Union in die Weltpolitik ließ es wünschenswert erscheinen, in Ostasien auch finanziell Hand in Hand mit den europäischen Großmächten zu gehen. So erfolgte die Übernahme von 50 Millionen Dollar chinesischer Eisenbahnanleihe — ein Drittel davon übernahm Morgan — nur auf Drängen des Departement of State in Washington. Eine Ausnahme bildete die im April 1905 gleichzeitig in New York und London aufgelegte japanische Anleihe, die allein in den Vereinigten Staaten zehnmal überzeichnet wurde, da die Schwerindustrie nach dem Friedensschluß große japanische Bestellungen erhoffte.

Von den im Ausland untergebrachten japanischen Staatsanleihen[2]) waren 1910 in:

England	530	Mill. Yen
Vereinigten Staaten	282	„ „
Frankreich	235	„ „
Deutschland	133	„ „

Die in Ostasien angelegten nordamerikanischen Kapitalien stiegen von 5 Millionen Dollar 1898[3]) auf 150 Mill. Dollar 1909[4]). Der größte Teil davon hatte Effektenform, doch blieben fast alle japanischen und chinesischen Werte

---

[1]) Hermann A. L. Lufft, Die nordamerikanischen Interessen in Südamerika vor dem Krieg. S. 7.

[2]) Kotaro Mochizuki, la situation économique et financiere du Japon. Revue économique internationale. 7. Jahrg. (1910). S. 468—494.

[3]) N. T. Bacon, American International Indebtness. Yale Review Bd. IX (November 1900). S. 276.

[4]) Charles F. Speare, Foreign Investments of the Nations. North American Review. Bd. 190. (Juli 1909). S. 84.

Derselbe, The American People and Scientific Investment. Financial Review of Reviews, September 1910.

in den safes der internationalen Bankiers in New York, während ein kleiner Teil von den in der Union ansässigen Angehörigen dieser Länder gekauft wurde; die amerikanischen Kapitalisten nahmen keinerlei Interesse an diesen Werten.

Das in der Kapitalausfuhr der Union vor dem Weltkrieg an zweiter Stelle stehende Land war Kanada, das mehr aus wirtschaftlichen als politischen[1]) Gründen mit von Jahr zu Jahr steigenden Mengen amerikanischen Kapitals gedüngt wurde. War doch die Union Hauptabnehmerin kanadischen Getreides und Holzes; der größte Teil ihrer Kapitalien floß daher in kanadische Bergwerke, Hypotheken, Holzgesellschaften und Papierfabriken. Dazu kam die große Menge der in New York gehandelten Anteile der Canadian Pacific- und der Canadian Southern-Bahn. Der Gesamtbetrag amerikanischen Kapitals in Kanada wurde von N. T. Bacon 1890 auf 150 Millionen Dollar geschätzt. 100 Mill. Dollar hiervon sollen in kanadischen Bergwerken, 25 Millionen in Holzgeschäften, 25 Millionen in Anteilen der Canadian Pacific- und der Canadian Southern-Eisenbahn angelegt gewesen sein. Das 1913 in Kanada investierte Kapital der Union wurde auf 400 Mill. Dollar beziffert[2]).

Die Einfuhr amerikanischen Kapitals in die Alte Welt war vor dem Weltkrieg naturgemäß eine Folge zufälliger Momente oder persönlichen Beziehungen. Ein Teil davon arbeitete in amerikanischen Bankhäusern in London und Paris, ein anderer Teil lag infolge der Internationalität der großen New Yorker Bankfirmen in Anteilen der von J. P. Morgan & Co. gegründeten International Mercantile Marine Company[3]) und der von der Firma Speyer & Co. in New York finanzierten Londoner Untergrundbahn fest.

Wenn wir das Vorstehende zusammenfassen und schätzungsweise ein nordamerikanisches Effektendebet und -kredit gegenüber allen anderen Ländern bei Beginn des Weltkriegs aufstellen, kommen wir zu dem folgenden Ergebnis:

---

[1]) Daß Kanada gerade damals weniger denn je an seine politische Befreiung von England und Angliederung an die Vereinigten Staaten dachte, zeigte die Schenkung eines Dreadnoughts an das englische Mutterland.

[2]) Charles F. Speare, Foreign Investments of the Nations. North American Review Bd. 190 (Juli 1909). S. 84.
John Ball Osborne, Protection of American Commerce. North American Review. Bd. 195 (Mai 1912). S. 689.

[3]) Der Hauptbestandteil der International Mercantile Marine Company sind englische Dampferlinien.

Effektenkredit:

gegenüber

Mexiko	300	Millionen Dollar
Zentral- und Südamerika	350	„ „
Japan und China	100	„ „
Kanada	100	„ „
Europa	150	„ „
	1000	Millionen Dollar

Effektendebet:

an

Europa und Südamerika	5300	Millionen Dollar.

Dritter Abschnitt. Der Übergang der Vereinigten Staaten zum aktiven internationalen Effektenkapitalismus.

1. 1912—1913.

Schon kurz vor dem Weltkrieg wurde ein Teil derjenigen Länder, die sich bisher an der Auf- und Übernahme amerikanischer Effekten stark beteiligt hatten, besonders England und Holland, in andere effektenkapitalistische Verflechtungen und Verpflichtungen hineingezogen. War auch die Entwicklung der englischen Industrie im großen und ganzen so abgeschlossen, daß größere Kapitalansprüche ihrerseits wegfielen, so brauchten doch Englands Kolonien, besonders Kanada, Australien und Indien immer neue im Mutterlande aufzubringende Summen. Dazu nahm Hollands Anteilnahme am amerikanischen Effektenmarkt ständig ab, und zwar wegen des sinkenden Zinsertrages amerikanischer bonds, an deren Stelle seine Kapitalisten, die sich seit altersher für junge, noch in der Entwicklung begriffene Länder interessierten, kanadische Hypotheken und Pfandbriefe, die bei gleicher Sicherheit 1—2 % mehr Zinsen brachten, erwarben. In Frankreich, dessen Interesse für amerikanische Werte mit dem von Jahr zu Jahr zunehmenden Kapitalüberfluß wuchs, wirkten politische Erwägungen bremsend, da zuerst die starken Rüstungsausgaben Rußland, sowie die Kapitalansprüche seiner aufstrebenden Industrie befriedigt werden mußten.

Der starke wirtschaftliche Expansionsdrang Deutschlands stellte so enorme Kapitalansprüche an den Geldmarkt, daß eine Vermehrung seines amerikanischen Effektenbesitzes — der vorübergehende Erwerb in spekulativem Interesse kann hier ausscheiden — nicht zu erwarten war. Belgien war in Rußland, Italien und Ostasien finanziell zu sehr engagiert, um seinen Besitz amerikanischer Effekten vermehren zu können, die Schweiz aber hatte sich mit der im Verhältnis zu ihrem Kapitalreichtum großen Summe amerikanischer Wertpapiere (100 Millionen Dollar) auf Jahre hinaus gesättigt.

Die wachsende effektenkapitalistische Reserviertheit der alten Welt gegenüber der Union beruhte indessen nicht nur auf der anderweitigen finanziellen Inanspruchnahme der exportkapitalistischen Länder Europas, sondern auch auf den gerade vor dem Weltkriege in den Vereinigten Staaten herrschenden unsicheren wirtschaftlichen Verhältnissen. Denn der kosmopolitische, um nicht zu sagen unpatriotische Charakter des Kapitals bringt es mit sich, daß dieser letzten Endes politische Motive ebenso wenig wie heimatliche Bedürfnisse gelten läßt und stets dorthin strömt, wo es bei größtmöglichster Sicherheit höchsten Zinsertrag findet. Das europäische Kapital würde daher damals in noch stärkerem Maße in die Union geflossen sein, wenn ihr Wirtschaftsleben stabiler gewesen wäre.

Die andauernden Verfolgungen der Trusts indessen, die mehr politischen als wirtschaftlichen Beweggründen entsprangen, entwerteten, wenn auch nur im Kurse, die Anteile aller Gesellschaften, die Teile von Trusts bildeten, und brachten eine noch nie dagewesene Unsicherheit in die nordamerikanische Wirtschaft, besonders da der Tatbestand der Ungesetzlichkeit mit jedem Wechsel in der Person des Präsidenten bzw. Generalstaatsanwalts weiter gefaßt wurde. Dabei war ein Ende dieser Verfolgungen um so weniger abzusehen, als die kapitalistische Macht einiger Männer [1]) von Jahr zu Jahr wuchs, so daß die Bundesregierung immer neuen Anlaß fand, ihre Basis zu vernichten [2]). Denn wie Russel Sage von ihnen sagt: „The dominate, wherever they choose to go. They can make and ummake any prosperity,

---

[1]) Morgan beherrschte 1911 nach dem Wallstreet Journal ein Kapital von 9300 Millionen Dollar, d. h. 5,3% des Nationalvermögens (177 Milliarden Dollar). Das 1912 von den sechs führenden Männern der New Yorker Bankwelt kontrollierte Kapital wurde auf 20 000 Mill. Dollar, d. h. ein Neuntel des Nationalvermögens geschätzt. Es waren dies außer Morgan, Rockefeller (Standard Oil Company), Jacob H. Schiff (Kuhn, Loeb &. Co.), James Speyer (Speyer &. Co.), Stillmann (National City Bank) und Baker (First National Bank).

[2]) Ende 1913 schwebten 49 Trustprozesse: 35 Zivil- und 14 Kriminalverfahren.

no matter how vast. They can almost compel any man to sell out anything at any price."

Auf den Kurs der Eisenbahnpapiere drückte die Hartnäckigkeit der Interstate Commerce Commission, die sich einer Erhöhung der Eisenbahnfrachtsätze trotz der gestiegenen Löhne und sonstigen Betriebskosten dauernd widersetzte, während der Geld- und Kapitalmarkt unter der Unelastizität der Währung litt, die so häufig sprunghafte Steigerungen des Satzes für call money (tägliches Geld) bewirkte, ein Mißstand, der durch eine Zentralbank nach englischem, deutschem oder französischem Muster leicht hätte beseitigt werden können, wenn sich nicht die mächtigen Gruppen der New Yorker Bankwelt die mit der Leitung bzw. Beherrschung einer Centralbank verbundene finanzielle Macht mißgönnten und ihre Errichtung daher hintertrieben.

Es sind freilich nicht nur die Verfolgungen der Trusts und die Unelastizität der Währung, die das amerikanische Wirtschaftsleben vor dem Weltkrieg so wechselnd und unsicher machten. Auch das politische Zickzack war seiner Stabilität hinderlich und ist es teilweise noch. Alle zwei Jahre finden die Wahlen zum Repräsentantenhaus statt, dessen Zusammensetzung die Zoll- und Wirtschaftspolitik stark beeinflußt, alle vier Jahre[1]) wird ein neues Staatsoberhaupt gewählt, Wahlen, die fast immer im Zeichen irgend eines wirtschaftlichen Problems stehen und das Geschäftsleben schon Monate vorher stagnieren lassen. In kleineren und größeren Zwischenräumen bringen Änderungen des Zolltarifs[2]) Unruhe ins Land, vernichten bestehende Industrien, schaffen neue und führen kurz vor dem Inkrafttreten des Tarifs zu einer ungesunden Steigerung des Importhandels. Dazu kommt, daß die New Yorker Börse, die mehr und mehr der Brennpunkt alles ökonomischen Geschehens in der Union geworden ist, als Hirn eines so nervösen Organismus, wie es die amerikanische Volkswirtschaft infolge der geschilderten Mißstände war, unberechenbaren Stimmungen und massenpsychologischen Momenten in weit höherem Grade unterworfen ist, als die großen europäischen Fondsbörsen, ein Umstand, der vor 1914 von den mächtigen New Yorker Hausse- und Baissecliquen weidlich ausgenutzt wurde und eine der europäischen

---

[1]) Der amerikanische Senat hatte 1912 einen Gesetzentwurf eingebracht, der den Amtstermin des Präsidenten auf sechs Jahre verlängert, dafür aber eine Wiederwahl ausschließt.

[2]) 1824, 1828, 1832, 1846, 1857, 1861, 1864, 1870, 1872, 1875, 1883, 1890, 1894, 1897, 1909, 1913.

Kapitaleinfuhr verderbliche Unberechenbarkeit der Kurs- und Tendenzentwicklung herbeiführte.

So blieb den Vereinigten Staaten nichts übrig, als den sich damals ergebenden Kapitalbedarf, besonders der Eisenbahngesellschaften, soweit ihn nicht Europa, besonders Frankreich deckte, im Lande aufzubringen, und zwar in den Kreisen der Farmer, die sich trotz ihres wachsenden Wohlstandes vom Effektenmarkt bisher fast ausnahmslos ferngehalten hatten. Die Zunahme des Vermögens der landwirtschaftlichen Bevölkerung der Vereinigten Staaten ist aus den folgenden Zahlen ersichtlich:

Wert der landwirtschaftlichen Produkte in Millionen Dollar.

1870	1958
1880	2213
1890	2460
1900	3764
1910	8926

Dabei hatte das landwirtschaftliche genutzte Areal von 1880 bis 1910 nur um 70 % zugenommen. Sein Wert war freilich in dieser Zeit von 12 000 auf 40 000 Millionen Dollar gestiegen [1]).

Zu dem heimischen Kapitalbedarf kam noch die Notwendigkeit stärkerer Kapitalausfuhr als Schrittmacher für die von Jahr zu Jahr wachsende Exportindustrie.

Export an Ganz- und Halbfabrikaten in Millionen Dollar

1860	40,3
1870	68,2
1880	102,8
1890	151,1
1900	433,8
1911	909,9

Da sich Europa durch hohe Zollschranken gegen die Einfuhr von Fertigfabrikaten der Union schützte, kam als Absatzgebiet der nordamerikanischen Industrie hauptsächlich Kanada, Zentral- und Südamerika, sowie Ostasien in Betracht. In Kanada lagen die Verhältnisse insofern günstig, als die Union nach England der Hauptabnehmer Kanadas war.

---

[1]) Report of the Census Bureau vom 7. September 1911.

2. Vom März 1913 bis zum April 1917.

(Eintritt der Vereinigten Staaten in den Weltkrieg.)

Nachdem jahrelang die Republikaner am Ruder gewesen waren, übernahm im März 1913 die demokratische Partei, und mit ihr Wilson, die Regierung des Landes. Da die Geschäftswelt abwartete, wie sich dieser Wechsel wirtschaftlich auswirken würde, war 1913 für die Vereinigten Staaten ein Jahr des wirtschaftlichen Stillstands. Das zeigte sich vor allem an der Effektenbörse. Während in Börsenjahren mit belebtem Geschäft wie z. B. 1908 und 1909 die Gesamtsumme der gehandelten Aktien ungefähr 200 Millionen Dollar, der gehandelten bonds über 1 Milliarde Dollar betrug, sank diese Zahl 1913 auf 83 bzw. 501 Millionen Dollar.

Inzwischen war der von der republikanischen Partei ausgearbeitete Aldrichsche Bankreformplan in die Versenkung gefallen. Dagegen wurde am 23. Dezember 1913 das sogenannte Federal Reserve-System Gesetz, das getreu dem Dezentralisationsprinzip der demokratischen Partei statt einer Zentralbank eine Mehrheit von Bundesreservebanken schaffte, deren Rediskontierungen untereinander die Möglichkeit eines Kapitalausgleichs im Sinne eines Zentralbanksystems boten, während die Ausgabe bankmäßig gedeckter Noten, der sogenannten Bundesreservenoten, durch diese Banken den Notenumlauf im Sinne eines solchen Systems regelte. Auf diese Weise wurde einerseits ein schroffer Wechsel gegenüber dem bisherigen völlig dezentralisierten System vermieden, andererseits keiner einheitlichen Stelle ein maßgebender Einfluß auf das gesamte Wirtschaftsleben eingeräumt. Am 16. November 1914 begann der Federal Reserve Board seine Tätigkeit und übernahm die Zentralleitung der ihm nachgeordneten zwölf Bundesreservebanken.

Noch ehe sich irgend welche unmittelbaren Wirkungen gezeigt hatten, trat eine Belebung des Wirtschaftslebens ein, da alle Geschäftsleute der festen Überzeugung waren, daß nun die dauernden finanziellen Krisen aufhören würden, d. h. eine stabile Entwicklung der Volkswirtschaft gesichert wäre. Dazu kam, daß Wilson in seiner Trustbotschaft den Wunsch einer friedlichen Auseinandersetzung mit den großen industriellen Konzernen ausgesprochen hatte. Man hoffte ferner, daß zahlreiche Nationalbanken, deren Kapital und Reserven 1 Million Dollar überstiegen, die ihnen durch das Bankgesetz gegebene Möglichkeit, Filialen im Auslande zu errichten, benutzen und damit den Export stark fördern würden. Ein wichtiger Faktor war auch die bevorstehende Eröffnung des Panamakanals. Endlich hatten eine Reihe guter Ernten und die jahrelange Zurückhaltung der spekulativen Elemente das Volksvermögen erheblich vermehrt. Am politischen Horizont aber stand nur eine Wolke, die Differenzen mit dem mexikanischen Diktator Carranza, die erst im Juli 1916 beseitigt wurden.

Die Vereinigten Staaten waren daher im Jahre 1914 wohl in der Lage, den Bedarf ihrer industriellen- und Eisenbahngesellschaften im eigenen Lande zu decken und ganz allmählich den in Anbetracht ihrer wirtschaftlichen Struktur besonders schwierigen Übergang vom Import- zum Exportkapitalismus zu vollziehen. Da brach der Weltkrieg aus und brachte in wenigen Monaten zuwege, was sonst vielleicht Jahrzehnte gedauert hätte. Aus einem kapitaleinführenden Lande wurde ein kapitalausführendes, das Effektendebet gegenüber der Alten Welt sank rapide. Schon die Kriegsgefahr 1914 führte zu massenhaften Verkäufen amerikanischer Effekten aus europäischem Besitz, so daß die New Yorker Fondsbörse am 30. Juli 1914 einen seit langen Jahren nicht mehr erlebten Umsatz (1 307 000 Stück) hatte.

Bei Kriegsausbruch befanden sich ungefähr $5^1/_2$ bis 6 Milliarden Dollar amerikanischer Effekten in Europa; davon kamen etwa $3^1/_2$ Milliarden auf England, der Rest zu ungefähr gleichen Teilen auf Deutschland, Holland, Frankreich und die Länder von geringerer finanzieller Bedeutung (Belgien, die Schweiz und Österreich-Ungarn) zusammen. Der Vorstand der New Yorker Fondsbörse fürchtete nun, daß die Zahl der schon am 30. Juli getätigten Verkäufe zunehmen, und ein enormer Kurssturz, d. h. eine schwere finanzielle Krisis und eine weitere Unterwertung der amerikanischen Valuta[1]), eintreten würde. Die New Yorker Effektenbörse wurde daher am 2. August bis auf weiteres geschlossen. Erst Anfang Dezember, als das Pfund infolge einer Reihe von finanziellen Transaktionen zwischen England und den Vereinigten Staaten 4,89 notierte, fand wieder ein beschränkter Verkehr in Obligationen und Aktien statt. Von den 565 Aktien der Kursliste durften indessen nur 185 umgesetzt werden, und zwar nur zu vom Börsenvorstand vorgeschriebenen Minimalpreisen, deren Beseitigung dann Anfang April 1915 erfolgte. Von ausländischen Anleihen wurden damals nur einige Anleihen von Kuba, Mexiko und Argentinien gehandelt, eine chinesische Bahnanleihe, eine Anleihe der Stadt Tokio, vor allem aber die 4 %ige japa-

[1]) Der Sterlingkurs, der sich in normalen Zeiten um 4,88 bewegt hatte, stieg am 28. Juli auf 5, in den ersten Augustwochen trotz des Börsenschlusses auf 7 Dollar.

nische Anleihe und 2 Serien der $4^1/_2$ %igen japanischen Tabaksanleihe. Da von diesen japanischen Anleihen größere Beträge auch in Deutschland untergebracht waren, sandte dieses so zahlreiche Stücke hiervon an die New Yorker Fondsbörse, daß dort eigene Kurse für die in Deutschland gestempelten Stücke notiert wurden.

In den ersten Kriegsmonaten fiel die Ausfuhr um 250 Millionen Dollar, da der Verkauf von Lebensmitteln, Rohstoffen und Kriegsmaterial an die Entente erst mit dem Beginn des Jahres 1915 einsetzte, freilich dann gleich so stark, daß der Ausfuhrüberschuß in den Monaten Januar—Mai 1915 715 Millionen Dollar betrug, gegen 77 Millionen Dollar in den gleichen Monaten des Jahres 1914. In der Zeit vom Januar bis Juli 1915 erhielt die amerikanische Industrie für $1^1/_2$ Milliarden Dollar Aufträge, und zwar für 500 Millionen von England, für die gleiche Summe von Rußland, für 400 Millionen von Frankreich und für 100 Millionen von Italien. Infolgedessen betrug der Ausfuhrüberschuß für die Monate Januar—August 1915 schon 1061 Millionen Dollar. Da dieser Überschuß nicht, wie in den Jahren vor dem Kriege, durch Zinszahlungen an die europäischen Besitzer amerikanischer Effekten, durch Frachten an europäische Reeder und die Touristenausgaben der in Europa reisenden Amerikaner aufgezehrt wurde, entstand ein Überschuß an Gold und Geld, der im Herbst 1915 eine starke Börsenhausse[1]) bewirkte, die indessen keineswegs spekulativ war. Denn die ungeheuren Kriegsbestellungen hatten inzwischen eine Mitte 1915 beginnende industrielle Hochkonjunktur geschaffen. Der Auftragsbestand des Stahltrusts stieg in dem Jahr vom 1. November 1914 bis 1. Nov. 1915 von 3,3 auf 7,2 Millionen tons.

Präsident Wilson hatte gleich zu Anfang des Krieges erklärt, daß die Kriegführenden Anleihen in den Vereinigten Staaten nicht aufnehmen dürften, da ihre Gewährung eine Verletzung der Neutralität sei, einen Standpunkt, den er später, als England in finanzielle Schwierigkeiten geriet, aufgab. Indessen fanden die New Yorker Bankiers Mittel und Wege, das Verbot zu umgehen. Sie gaben die verlangten Kredite gegen Übernahme von kurzfristig laufenden Noten und Schatzscheinen. In den Vereinigten Staaten wurden daher in der ersten Hälfte des Jahres 1915 untergebracht:

---

[1]) Der Aktienumsatz an der New Yorker Fondsbörse stieg von 46 Millionen Stück 1914 auf 158 Millionen Stück 1915.

	Millionen Dollar
Russische Schatzscheine	25
Französische 1jährige Schatznoten	10
Französische 5%ige einjährige Anleihe	50
	85

Dazu kamen 10 Millionen Dollar 5%ige Schatzscheine des Deutschen Reiches, die vom 1. 4. 1915 bis zum 1. Januar 1916 liefen und zur Valutaregulierung, d. h. zur Errichtung von Guthaben in New York, emittiert wurden. Weiter wurden Darlehen an Staaten gewährt, die ihren Geldbedarf bisher in London und Paris gedeckt hatten. Im Laufe des Sommers 1915 wurden von den folgenden Staaten Anleihen in New York aufgenommen:

	Millionen Dollar
Kanadische Provinzial- und Munizipal-Anleihe	85,5
Argentinische Nationalanleihe auf 3 Jahre	15
Argentinische 6%ige Bonds auf 5 Jahre	25
Bolivianische Anleihe	1
Anleihe der Republik Panama	3
Norwegische Anleihe	3
Schwedische Anleihe	5
Schweizer Anleihe	15
	152,5

Ein Teil der Kriegslieferungen wurde freilich mit amerikanischen Effekten bezahlt, die in New York verkauft und in Dollarguthaben umgewandelt wurden. Daß auch zahlreiche europäische Bankiers und Kapitalisten große Summen amerikanischer Effekten auf den Markt warfen, um sich flüssig zu machen oder Dollarguthaben zu erhalten, liegt auf der Hand. Die Gesamtsumme dieser Effekten wurde am 1. August 1915 auf 4—500 Millionen Dollar, Ende 1915 auf 700—800 Millionen Dollar geschätzt. Frankreich hatte die guten, in seinem Besitz befindlichen amerikanischen Aktien und Obligationen schon in den ersten Monaten des Jahres 1915 abgestoßen. Dagegen gelang es nicht, die auf Franks lautenden, an der Pariser Börse notierten, in New York aber nicht gehandelten Obligationen der Pennsylvania- und anderer großer Eisenbahngesellschaften zu verkaufen. Im Juni 1915 wurden daher ungefähr 300 Millionen Franks dieser Obligationen bei dem New Yorker Bankhaus J. P. Morgan & Co. hinterlegt, das dann dem französischen Staat hierfür ein Guthaben von 40 Millionen Dollar einräumte.

Erst als sich in England eine starke finanzielle Knappheit geltend machte, erlaubte Wilson die Aufnahme von langfristigen Krediten, so daß es Anfang Oktober 1915 England und Frankreich gelang, zur Begleichung ihrer dringendsten Verpflichtungen aus Kriegslieferungen, besonders bei dem Bankhaus J. P. Morgan & Co., die sogenannte 5%ige französisch-englische Valuta-Regulierungs-Anleihe in Höhe von 500 Millionen Dollar unterzubringen (Emissionskurs: 96). Indessen wurden nur 40 Mill. Dollar hiervon im Publikum untergebracht[1]. 280 Mill. Dollar blieben bei J. P. Morgan & Co., während das Emissionssyndikat auf den restlichen 180 Millionen Dollar sitzen blieb. Der Mißerfolg der englisch-französischen Anleihe veranlaßte den englischen Minister Mac Kenna, sich Ende des Jahres 1915 an die englischen Großkapitalisten, Trusts und Versicherungsgesellschaften mit der Bitte zu wenden, der englischen Regierung amerikanische und kanadische Dollareffekten zu leihen oder gegen 5%ige fünfjährige Schatzbonds zu verkaufen. Der Schatzkanzler erklärte im Parlament, daß die von den Sachverständigen eingeforderten Schätzungen des im englischen Besitz befindlichen Betrages amerikanischer Effekten zwischen 2 und 4 Milliarden Dollar schwankten. Er fügte dieser Mitteilung hinzu, daß man nicht daran denke, diese Effekten zu verkaufen, da dies ein unfreundlicher Akt gegen die Vereinigten Staaten sei, sondern daß man gegen ihre Verpfändung nur Geld in New York leihen wolle. Gegen Hinterlegung von 50 Millionen Dollar erstklassiger amerikanischer Effekten bei der Bank von England wurde dann dem englischen Staat ein Akzeptkredit von 50 Millionen Dollar eingeräumt, der auch seinen Zweck erfüllte, d. h. ein weiteres Sinken des Wechselkurses verhinderte.

Der Frankreich 1915 eingeräumte Kredit war bald aufgebraucht worden. Der französische Staat verkaufte daher Anfang 1916 an Kuhn, Loeb & Co. für 250 Millionen Franks 4%ige Obligationen der Southern Pacific-Eisenbahn-Gesellschaft. Im Sommer 1916 wurde dann eine 5%ige französische Anleihe von 100 Millionen Dollar in New York abgeschlossen (Emissionskurs für das Publikum: 98) und zwar gegen Deponierung von 113,35 Millionen Dollar in folgenden Werten:

---

[1]) Zur gleichen Zeit zeichneten die in der Union wohnenden Deutschen für 25—30 Millionen Dollar deutsche Kriegsanleihe.

	Millionen Dollar
Schwedische Staatsanleihen	8,725
Norwegische Staatsanleihen	3,290
Dänische Staatsanleihen	6,380
Schweizerische Staatsanleihen	12,080
Holländische Staatsanleihen	1,475
Spanische Staatsanleihen	12,600
Spanische Eisenbahnobligationen	8,—
Argentinische Staatsanleihen	20,5
Uruguayische Staatsanleihen	3,343
Brasilianische Staatsanleihen	1,181
Ägyptische Staatsanleihen	20,2
Provinz Quebec-Anleihen	0,275
Suezkanal-Aktien	11,6
Amerik. Werte von versch. Gesellschaften	3,7
	113,349

Daneben wurden immer wieder amerikanische Effekten aus europäischem Privatbesitz auf den Markt geworfen. Man schätzt ihren Betrag für das Jahr 1916 auf 80 Mill. Dollar monatlich. Nur die Schweizer Kapitalisten hielten an diesen fest, die holländischen kauften sogar noch dazu, vor allem aus deutschem Besitz. Während sich am 1. April 1914 1285000 Stammaktien des Stahltrusts im Besitz europäischer Kapitalisten befanden, betrug diese Zahl am 1. April 1916 nur noch 634 000 Stück. Am 1. Juli 1916 schätzte der Federal Reserve Board die Summen der Anleihen und Vorschüsse, die dem Auslande seit Kriegsausbruch gegeben waren, auf 1 Milliarde Dollar. In Höhe derselben Summe waren amerikanische Wertpapiere seit Kriegsbeginn in das Mutterland zurückgeflossen.

Schon zwei Jahre nach Ausbruch des Weltkrieges war aus Amerika, dem größten Borgerland der Welt, der einzige große internationale Geldgeber geworden. China, Kanada und die Schweiz, vor allem aber die großen südamerikanischen Staaten hatten in New York Anleihen aufgenommen und Vorschüsse erhalten. Ihre Gesamtsumme belief sich freilich nur auf 300 Millionen Dollar gegen 1800 Millionen Dollar ausgeliehener Gelder an die Kriegführenden. War die erste England und Frankreich zusammen gewährte Anleihe noch ohne Deckung bewilligt worden, so mußte für die zweite von England im August 1916 aufgenommene Anleihe von 250 Millionen Dollar (5%ige englische Noten, die bis zum 1. Dezember 1918 liefen und zu 98 ausgegeben wurden), amerikanische und neutrale Effekten zum Kurswert von 300 Millionen Dollar hinterlegt werden, und zwar 100 Millionen Dollar amerikanische Eisenbahn- und Industrieaktien und bonds, 100 Millionen Dollar kanadische Regierungsbonds und Aktien, sowie Aktien und Obligationen der kanadischen Pacific-Eisenbahn, endlich 100 Millionen Dollar bonds der folgenden Länder: Schweiz, Holland, Norwegen, Schweden, Dänemark, Chile und Argentinien. Nur unter den gleichen Bedingungen konnte England im Oktober 1916 weitere 300 Millionen Dollar zu $5^{1}/_{2}$ % in New York aufnehmen [1]), 150 Millionen Dollar hiervon waren nach drei Jahren, dieselbe Summe nach fünf Jahren fällig.

Die dauernden Bemühungen der Kriegführenden, Anleihen in New York unterzubringen, erhielten dann Anfang November 1916 einen starken Dämpfer. Das Federal Reserve Board warnte die Nationalbanken, ihre Reserven weiterhin in langfristigen oder später zu erneuernden kurzfristigen Regierungsanleihen anzulegen, da dies nicht im Interesse des Landes liege. Bis zum Eintritt der Vereinigten Staaten in den Krieg stockte daher die Unterbringung von Ententeanleihen in New York. Zur Bezahlung der Kriegslieferungen ohne Gefährdung des Sterlingkurses wurde aus diesem Grunde zu anderen Mitteln geschritten. Ende November 1916 kauften J. P. Morgan & Co. auf Ersuchen des britischen Schatzamts für 12,5 Millionen Dollar Aktien der New Orleans und North Eastern Eisenbahn von englischen Kapitalisten, die dafür 6%ige englische Schatzbonds erhielten. Nur mit großer Mühe gelang es England, im Januar 1917 eine vierte, ebenfalls wieder $5^{1}/_{2}$%ige Anleihe von 250 Mill. Dollar in den Vereinigten Staaten unterzubringen. Als Sicherheit mußten wieder 300 Mill. Dollar hinterlegt werden, und zwar zur einen Hälfte amerikanische Effekten, kanadische Staats- und Kommunalanleihen, Aktien der Kanada-Pacificbahn, zur anderen Hälfte Anleihen von Argentinien, Chile, Kuba, Australien, Ägypten, Japan, Neu-Seeland, Südafrika, sowie verschiedene argentinische, kanadische und englische Bahnwerte.

Anfang November 1916 wurde Wilson wiedergewählt, ein Ereignis, das zur Befestigung der Börse führte, deren Tendenz als Folge des großen Eisenbahnerstreiks im September 1916 zurückhaltend gewesen war. Am 12. Dezember erfolgte dann das Friedensangebot der Zentralmächte, am 21. Dezember richtete Wilson an sämtliche Kriegführenden die Bitte, ihre Friedensbedingungen bekannt zu geben. Nachdem diese am 12. Januar 1917 ausweichend geantwortet

---

[1]) Gero von Schulze-Gaevernitz, Die englische Kreditpolitik 1914 bis 1921. S. 58 ff.

hatten, eröffnete Deutschland Ende Januar 1917 den unbeschränkten U-Bootskrieg. Daraufhin brachen die Vereinigten Staaten am 3. Februar die diplomatischen Beziehungen mit Deutschland ab und erklärten ihm im April 1917 den Krieg.

Da Amerika mit seinem Eintritt in den Weltkrieg die Finanzierung der Kriegsausgaben der Entente auf eine neue Basis stellte, wird im folgenden ein summarischer, von der National City-Bank veröffentlichter Überblick über die vom August 1914 bis zum April 1917 von den Vereinigten Staaten der übrigen Welt gewährten kurz- und langfristigen Kredite gegeben.

Großbritannien	$	1131 400 000
Frankreich	„	736 700 000
Rußland	„	148 500 000
Italien	„	25 000 000
Deutschland	„	20 000 000
Kanada	„	334 999 878
Neufundland	„	5 000 000
Südamerika	„	160 267 375
Asien	„	9 000 000
Neutrale europäische Staaten	„	35 000 000
	$	2605 867 253
hiervon eingelöst		229 271 375
	$	2376 595 878

Der Rückfluß amerikanischer Eisenbahnpapiere aus Europa in der Zeit vom Januar 1915 bis zum Januar 1917 wurde von dem Generaldirektor der Delaware & Hudson Gesellschaft J. J. Loree auf 1518 Millionen Dollar beziffert. Nach seiner Schätzung war der ausländische Besitz an amerikanischen Eisenbahnpapieren in diesen zwei Jahren von 2704 Millionen Dollar auf 1186 Millionen Dollar gesunken. Der Gesamtwert aller in der Zeit vom 1. August 1914 bis 1. März 1917 in die Vereinigten Staaten zurückgeströmten amerikanischen Effekten wurde von der National City-Bank auf 1800 Millionen Dollar geschätzt, während die gleiche Bank den Nettogoldimport in diesen zwei Jahren auf 1 Milliarde Dollar, die dem Auslande gewährten Darlehen auf 2376 Millionen Dollar bezifferte. Zusammengerechnet ergibt das 5176 Millionen Dollar, eine Summe, die ungefähr dem Ausfuhrüberschuß der Union vom 1. Juli 1914 bis zum 1. März 1917 entspricht (5763 Millionen Dollar).

3.

April 1917 — November 1918 (Waffenstillstand).

Die Vorteile, die Nordamerika schon Anfang 1917 aus dem Weltkrieg gezogen hatte, waren ganz ungeheure. Fern vom Weltbrand und seinen Schauplätzen hatte es keinerlei Verluste an Menschen, Land und Produktionsstätten und gelangte infolge der Kriegslieferungen und der Abnahme der Verschuldung an Europa zu einer so starken aktiven Handels- und Zahlungsbilanz, daß sich sein Volksvermögen erheblich vermehrte, und der Übergang vom Importkapitalismus zum Exportkapitalismus leicht und schnell vor sich ging. Mit Aufrichtung der effektenkapitalistischen Herrschgewalt am Stillen Ozean, d. h. in Südamerika und Ostasien, steigerte es seinen Import in diese Länder, in denen die Konkurrenz Deutschlands vernichtet, die Englands stark zurückgedrängt wurde. Dazu wurden die Vereinigten Staaten wenigstens im Kriege und im ersten Jahre nachher die alleinigen Geldgeber der ganzen Welt, deren finanzielles Zentrum, freilich nur zeitweise, von London nach New York rutschte.

Wenn Amerika trotzdem in den Krieg trat, so spielen dabei mannigfache politische, völkerpsychologische und wirtschaftliche Faktoren eine Rolle. Um im Rahmen des Themas zu bleiben, erwähne ich nur die letzteren. Die Vereinigten Staaten hatten durch die starke Kreditgewährung an die Entente ein Risiko übernommen, aus dem sie nur die vollständige Besiegung Deutschlands befreien konnte; der wirtschaftliche Beweggrund für ihren Eintritt in den Krieg war die Notwendigkeit, die Forderungen an die Entente zu sichern. Deshalb koppelte es nach diesem Eintritt die eigenen Finanzen mit denen der Allierten eng zusammen. Während bis dahin das Bankhaus J. P. Morgan & Co. die finanziellen Angelegenheiten der Entente selbständig geregelt hatte, freilich im engsten Einvernehmen mit der Zentralgewalt in Washington, nahm die amerikanische Regierung nunmehr die Aufbringung des Geldbedarfs für die Entente selbst in die Hand, d. h. gab ihr die für die Kriegführung erforderlichen Vorschüsse. Obgleich es unmöglich gewesen wäre, damals noch irgendwelche Anleihen der Alliierten beim amerikanischen Publikum zu plazieren, brachte die Regierung es dann mit Leichtigkeit fertig, große Summen ihrer eigenen Anleihen im Lande unterzubringen. Die im Sommer 1917 aufgelegte, sogenannte Freiheitsanleihe (Liberty Loan of Peace), die man auf 2 Milliarden Dollar festgesetzt hatte, wurde trotz des geringen Zinsfußes von $3^1/_2$ % mit 3055 Millionen Dollar überzeichnet, in der Hauptsache freilich von den Banken und der Industrie. Von dieser Summe wurden 1300 Millionen Dollar als Vorschüsse an die Alliierten gezahlt, denen der Kongreß einen Gesamtkredit von 10 Milliarden Dollar bewilligt hatte. Auch finanziell betrachtet bedeutete der Eintritt Amerikas in den Krieg eine große Erleichterung für die Alliierten, die nun nicht mehr Darlehen zu $5^1/_2$ % gegen Verpfändung von Effekten aufnehmen mußten, sondern billigere Vorschüsse erhielten, zuerst zu $3^1/_2$ %, entsprechend dem Zinssatz der Freiheitsanleihe, später als das Schatzamt in Washington $4^1/_2$%ige Schatzanweisungen ausgab, zu 5 %. Die im Oktober 1917 zu 4 % aufgelegte sogenannte Siegesanleihe (Victory Loan) brachte 4,6 Milliarden Dollar.

Während die New Yorker Fondsbörse nach der Vereitelung aller Friedenshoffnungen, vor allem aber nach dem Eintritt Amerikas in den Krieg infolge der hierdurch gesicherten industriellen Hochkonjunktur in ununterbrochener Haussestimmung schwelgte, kam es im November 1917 zu einem Rückschlag. Von den zunächst angesetzten fünf Millionen Männern waren inzwischen zwei Millionen eingezogen worden, so daß ein empfindlicher Arbeitermangel eintrat, der zu einer Lohnsteigerung und damit zu einer allgemeinen Teuerung führte. Dazu kamen die hohen Kriegssteuern und die Möglichkeit eines nahen Kriegsendes, da Rußland die Waffen niedergelegt hatte.

Betrug die Anleiheschuld der Alliierten an die Vereinigten Staaten bei dem Eintritt der letzteren in den Krieg 2152 Millionen Dollar, so stieg diese Summe Ende 1917 auf 4046, Ende 1918 auf 8586 Millionen Dollar und zwar schuldeten in Effektenform:

	Millionen Dollar Ende 1917	Millionen Dollar Ende 1918
England	2045	4176
Frankreich	1285	2436
Italien	500	1310
Belgien	77	253
Serbien	4	12
Rußland	325	325
Griechenland	—	7
Tschechoslowakei	—	7
Rumänien	—	40
	4236	8566

Eine weitere Milliarde Dollar wurde dann den Alliierten zur Liquidierung des Krieges und zum Wiederaufbau bewilligt.

Darlehnsschulden der Alliierten in Millionen Dollar:

	1. Dezember 1919	1. Dezember 1920
Frankreich	4277	4197
England	3048	2956
Belgien	343	349
Tschechoslowakei	55	60
Griechenland	48	10
Italien	1620	1631
Rumänien	25	23
Rußland	187	187
Serbien	27	26
	9630	9439

Die vom Kongreß als Maximum festgesetzte Summe von zehn Milliarden Dollar, die den Alliierten als Darlehen gewährt werden durften, war damit erreicht bzw. überschritten, wenn man die Zins- und Zinseszinsen dazu rechnet, die von den Alliierten nicht bezahlt, sondern ihrem Konto zugeschrieben wurden.

4.
November 1918 bis Ende 1924 (Dawesanleihe).

Im November 1918, nach dem Waffenstillstand, gingen die in Amerika untergebrachten Kriegsanleihen der Entente durch große Verkäufe amerikanischer Kapitalisten dauernd zurück. Die englisch-französische Kriegsanleihe sank auf 93. Dagegen kauften amerikanische Kapitalisten von Ende 1918 ab große Posten deutscher Stadt- und Kriegsanleihen, bis die Bewegung abflaute, als der Kapp-Putsch im März 1920 Amerika bezüglich der politischen Gesundung Deutschlands mißtrauisch machte, und die Flut der neuen Emissionen deutscher Kommunalanleihen den Glauben der Amerikaner an die gute Finanzverwaltung der deutschen Städte erschütterte. Da an der New Yorker Fondsbörse nur Dollarwerte gehandelt wurden, kamen die deutschen Städte-[1]) und Kriegsanleihen auf dem Straßenmarkt (curb) zum Umsatz. Auch in Chicago, Milwaukee und St. Louis fand ein solcher Handel statt. Nach einer Angabe der New York Times sind damals für hundert Millionen Dollar deutsche Effekten in Amerika abgesetzt worden. Da die Gesamtausfuhr von Amerika nach Deutschland vom November 1918 (Waffenstillstand) bis zum März 1920 (Kapp-Putsch) 147 Mill.

[1]) Es handelt sich hauptsächlich um Anleihen der Städte Berlin, Essen, Frankfurt a. M., Hamburg, Köln, Leipzig, Mannheim, Stuttgart.

Dollar, die deutsche Einfuhr in die Union dagegen nur 26 Millionen Dollar betrug, ergab sich hieraus für Deutschland ein Debet von 121 Millionen Dollar, das wohl in der Hauptsache durch die genannten Effekten bezahlt wurde.

Nachdem die amerikanischen Banken und Kapitalisten insgesamt für ungefähr 25 Milliarden Dollar heimische und fremde Staatsanleihen aufgenommen hatten — 10 Milliarden davon waren an die Alliierten gegangen —, ferner für mehrere Milliarden Dollar amerikanische Effekten aus europäischem Besitz zurückgekauft hatten[1]), und endlich eine weitere Anzahl von Milliarden Dollar von amerikanischen Bankiers und Kaufleuten als Kredite an europäische Kunden gegeben waren, trat die amerikanische Wirtschaft im Laufe des Jahres 1919 selbst mit großen Ansprüchen an den heimischen Kapitalmarkt. Die amerikanische Industrie mußte sich nicht nur auf den Frieden, sondern auf einen vermehrten Absatz im In- und Auslande umstellen, da viele infolge des Krieges nicht gedeckte Bedürfnisse Befriedigung verlangten. Es setzte daher eine zunehmende Geldknappheit ein, die dazu führte, daß große Posten heimischer und ausländischer Kriegsanleihen auf den Markt geworfen wurden. Die Freiheitsanleihe sank im März 1920 auf 90, im Monat darauf sogar auf 82, trotzdem die Regierung $1^1/_2$ Milliarden Dollar zur Unterstützung des Kurses verwandte. Die Abneigung der amerikanischen Banken, weitere Darlehen an die Alliierten zu geben, wuchs daher von Monat zu Monat, um so mehr, da eine Plazierung weiterer europäischer Anleihen in der amerikanischen Kapitalistenwelt völlig ausgeschlossen war. Diese hatten nämlich inzwischen genügend Möglichkeiten, ihr Geld im eigenen Lande sicher und zu gutem Zinsfuß anzulegen. Gab doch das Schatzamt im Juni 1920 zu Pari eine kurzfristige Anleihe von 400 Mill. Dollar aus, und zwar zu 6 %, ein Zinsfuß für Regierungsanleihen, wie er seit dem Sezessionskrieg nicht mehr dagewesen war. Die Pennsylvania-Bahn aber emittierte zu $7^1/_2$ %, um nur ein Beispiel zu nennen, 50 Millionen Dollar auf zehn Jahre laufende bonds, die durch erstklassige Pfandobjekte gedeckt waren. Eine Ausnahme von dieser Ausfuhrsperre amerikanischen Kapitals wurde nur aus politischen Gründen gemacht. Im März 1920 erhielt Polen 50 Millionen Dollar, und zwar auf Befürwortung des State Departments in

[1]) Der Prozentsatz der im ausländischen Besitz befindlichen common shares des Stahltrusts sank von 25,3 am 11. IV. 1914 auf 9,5 Ende 1918 und 7,3 Ende 1919. Max Schippel, Amerikas Wirtschafts- und Finanzlage und die Wiederaufrichtung Europas.

Washington, das diesen Staat als Bollwerk gegen den Bolschewismus stützen wollte.

Inzwischen begann Europa selbst wieder zu produzieren und wurde hierdurch und infolge der niedrigen Wechselkurse in immer geringerem Maße Abnehmer der amerikanischen Waren; ja es machte sogar den Vereinigten Staaten in Südamerika und Ostasien starke Konkurrenz. Die hohe Bewertung des Dollars schaltete den amerikanischen Wettbewerb auf dem Weltmarkt zeitweise völlig aus. Im Sommer 1920 entstand daher eine Absatzkrisis in der Union, die ungefähr ein Jahr dauerte. Der Auftragsbestand des Stahltrusts, dessen Zahlen der untrügliche Barometer des amerikanischen Wirtschaftslebens sind, ging enorm zurück:

	in Millionen tons	
	1920	**1921**
Januar	9,3	7,6
Februar	9,5	6,4
März	10	6,3
April	10,4	5,8

Im August 1921 betrug die Zahl der Arbeitslosen nach der Angabe des Arbeitsministeriums 5,7 Millionen. Im letzten Halbjahr 1921 trat dann eine leichte Erholung ein. Anfang 1922 begann sich die Konjunktur nach der Annahme eines neuen Schutzzolltarifs, des Fordneytarifs, am 21. September 1922 zu bessern, und zwar in solchem Maße, daß man am Ende des Jahres glaubte, die Krisis sei völlig überwunden[1]). Das Jahr 1923 stand zwar nicht im Zeichen der Hochkonjunktur, wohl aber wies das gesamte Wirtschaftsleben eine in jeder Beziehung ansteigende Kurve auf, die sich indessen im Frühjahr 1924 wieder senkte. Der Auftragsbestand des Stahltrusts, der am 1. Mai 1923 7,2 Mill. tons betrug, fiel auf 4,2 Millionen tons am 1. Mai 1924. Es bewahrheitete sich wieder einmal die alte Erfahrung, daß in jedem Jahre, in dem ein Präsident gewählt wird, eine mehr oder weniger starke wirtschaftliche Depression eintritt. Für die im Frühjahr 1924 beginnende war aber nicht nur der psychologische Faktor maßgebend; die Abflauung der Wirtschaftskonjunktur war vielmehr vor allem in der Tatsache begründet, daß die im Kriege enorm erweiterte

---

[1]) Tägliches Geld (call money)

April	1920	9%
„	1921	7%
„	1922	4%

Die Börsenumsätze waren im Jahre 1922 größer als in den beiden vorhergehenden Jahren.

Produktionskraft der Vereinigten Staaten weit größer war als die Konsumkraft des inländischen und auch des ausländischen Marktes. Das wirtschaftliche Gleichgewicht war durch die Überproduktion des Jahres 1923 und des ersten Quartals 1924 gestört und mußte erst durch eine erhebliche Produktionseinschränkung wiederhergestellt werden.

Infolge des Darniederliegens der Wirtschaft hatte die Industrie in den Jahren 1921 und 1922 weniger Ansprüche an den amerikanischen Kapitalmarkt gestellt, so daß die Summe der Emissionen fremder Anleihen wieder zunahm und von 576 Millionen 1920 auf 626 Millionen Dollar 1921 und 870 Millionen Dollar 1922 stieg. In dem wirtschaftlich besseren Jahr 1923 sank dann diese Summe auf 393 Mill. Dollar. Da auch die heimische Industrie wenig Ansprüche an den Kapitalmarkt stellte, war dieser im Herbst 1924 so flüssig, daß er mit Leichtigkeit die auf Amerika fallenden 110 Millionen Dollar der 7 %igen Dawesanleihe (German external loan 1924) aufnahm. Ein New Yorker Bankenkonsortium unter der Führung von J. P. Morgan & Co. erhielt die Emission. Die Nachfrage der Kapitalisten war viel größer als man angenommen hatte, eine Folge der guten Verzinsung der Anleihe, ihrer Unkündbarkeit während der 25jährigen Laufzeit und vor allem des zunehmenden Vertrauens zu Deutschlands gutem Willen und Kräften. Eine Stunde nachdem die Schalter der an der Emission beteiligten Banken für die Zeichner geöffnet waren, mußten sie wegen Überzeichnung der Anleihe geschlossen werden.

Die wirtschaftliche Stagnation der ersten Hälfte des Jahres 1924 wurde im Laufe des Hochsommers überwunden. Die gute Ernte machte die Landwirtschaft über Erwarten kaufkräftig und ermöglichte es ihr, alte Verpflichtungen abzustoßen und sich liquide zu machen. Auch die industrielle Konjunktur besserte sich von Monat zu Monat, besonders im letzten Vierteljahr 1924. Die schwere Krisis des Jahres 1921 war endgültig überwunden. Die New Yorker Fondsbörse escomptierte den Glauben an eine industrielle Hochkonjunktur 1925, indem sie die Kurse vom Juli 1924 an, vor allem nach der Wahl von Coolidge Anfang November 1924 ständig in die Höhe setzte.

Das Folgende ist eine von dem deutschen Finanzsachverständigen Dr. Ludwig Bendix in New York gemachte Zusammenstellung der in- und ausländischen Emissionen der Union in den letzten sechs Jahren:

Das amerikanische Emissionsgeschäft 1919 bis 1924 in Millionen Dollar.

	1919	1920	1921	1922	1923	1924
Insgesamt	4 286,2	4 010,0	4 203,8	5 244,9	4 986,5	6 327,1
Hiervon:						
Neues Kapital	3 588,4	3 634,8	3 576,7	4 313,4	4 303,4	5 569,7
Refundierungen	697,8	375,2	627,1	931,5	683,1	757,4
Davon entfallen auf:						
Kanada						
Insgesamt	93,6	53,3	76,0	206,1	49,4	277,2
Neues Kapital	18,6	45,8	76,0	99,0	26,3	187,2
Refundierungen	75	7,5	—	107,1	23,1	90,0

Fremdländische Emissionen i. e. S.

	1919	1920	1921	1922	1923	1924
Insgesamt	439,7	291,0	379,3	431,3	242,8	980,5
Neues Kapital	266,6	191,0	329,3	416,3	186,8	804,5
Refundierungen	173,1	100,0	50,0	15,0	56,0	176,0

Die Gliederung der fremdländischen Emissionen i. e. S. nach Ländergruppen und Kreditnehmern ist in der nachstehenden Tabelle veranschaulicht:

Gliederung der fremdländischen Emissionen i. e. S. 1924

	Europa	Süd- und Zentral-amerika	Japan einschl. Manila.
	(in Millionen Dollar)		
Staats- und Länder-Anleihen	466,2	122,3	150,0
Städte-Anleihen	17,0	17,5	—
Industrie-Anleihen	23,0	69,4	37,0
Eisenbahn- und Schiffahrts-	65,0	7,2	—
Gemeinnützige Betriebs-Anleihen	5,4	—	0,5
	576,6	216,4	187,5
Refundierungen	40,0	70,0	66,0
Neuinvestierung	536,6	146,4	121,5

Europa steht mit einem Betrage von 536,6 Millionen Dollar an der Spitze. Hiervon entfallen allein 210 Millionen Dollar auf die von Deutschland und Frankreich herausgebrachten großen Regierungsanleihen.

Der Effektenkredit der Vereinigten Staaten gegenüber der übrigen Welt betrug nach dem Bureau of Foreign and Domestic Commerce of the Department of Commerce am 1. Januar 1924 18578 Millionen Dollar und verteilte sich wie folgt:

Länder	Staatsanleihen	Aktien und Obligationen industr. Gesellschaften	Zusammen
	(in Millionen Dollar)		
Kanada	750	1750	2500
Kuba	110	1250	1360
Mexiko	22	1000	1022
Zentralamerika und Westindien	48	100	148
Südamerika	430	800	1230
Asien	190	250	440
Europa	950	350	1300
	2500	5500	8000

Hierzu kommen 10578 Millionen Dollar Guthaben der amerikanischen Regierung gegenüber den Alliierten, die mittelbare Effektenform haben, da die in dieser Höhe gewährten Kredite durch Ausgabe amerikanischer Staatsanleihen (Gesamtbetrag 1924 21 178 Millionen Dollar) in der Union aufgebracht worden sind.

Das Effektendebet der Vereinigten Staaten gegenüber der übrigen Welt betrug nach einer Schätzung der New York World am 1. Januar 1924 ungefähr 3000 Millionen Dollar. Die Höhe dieser Summe wird damit erklärt, daß zahlreiche Kapitalisten, besonders europäische, aus Furcht vor Steuern und Vermögensabgaben gerade in den letzten Jahren viel amerikanische Effekten gekauft haben.

Die vielen seit der Annahme des Dawesplanes der deutschen Wirtschaft von den Vereinigten Staaten gewährten kurzfristigen Kredite, d. h. solche mit längstens einjähriger Laufzeit, die auf 100 Millionen Dollar geschätzt werden, hier zu erörtern, würde aus dem Rahmen des Themas fallen, das nur den Effektenkapitalismus der Union behandelt. Indessen seien die hauptsächlichsten hier erwähnt:

Deutsche Reichsbahn	15	Mill. Dollar
Verband der bayrischen Industriellen	30	„
Deutsche Zuckerindustrie	6,5	„
Deutsches Kalisyndikat	6	„
Rheinisch-Westfälisches Kohlensyndikat	5	„
Stadt Bremen	3	„
Stadt Berlin	5	„

In Effektenform, das heißt durch Übernahme von Anleihen und Obligationen, gewährten amerikanische Banken und Bankiers in der Zeit vom Dawes-Abkommen bis zum 1. Dezember 1925 Kredite an die folgenden deutschen Länder, Kommunen und Erwerbsgesellschaften:

1. An Länder:			
Bayern	25	Mill.	Dollar
Bremen	10	„	„
Hessen	3,6	„	„
Oldenburg	3	„	„
2. Kommunen:			
Berlin	15	„	„
München	8,7	„	„
Württembergische Kommunen	8,3	„	„
Düsseldorf	6	„	„
Die Kreise des Saargebiets	4	„	„
Badische Kommunen	$3^3/_4$	„	„
Saarbrücken	3	„	„
Heidelberg	$1^1/_2$	„	„
3. Gemeinwirtschaftliche Erwerbsgesellschaften:			
Deutsche Rentenbank-Kreditanstalt	25	„	„
Sächsische Werke	15	„	„
Rheinisch-Westfälische Elektrizitätswerke	10	„	„
Raiffeisenbank	10	„	„
Elektrowerke	$7^1/_2$	„	„
Rhein-Main-Donau A.-G.	6	„	„
Hamburger Elektrizitätswerke	4	„	„
4. Privatwirtschaftliche Erwerbsgesellschaften:			
Thyssen & Co. A.-G.	12	„	„
Friedrich Krupp A.-G.	10	„	„
Allgemeine Elektrizitätsgesellschaft	10	„	„
Siemens & Halske A.-G.	10	„	„
Hanielsche Handelsgesellschaft m. b. H.	$7^1/_2$	„	„
Rudolph Karstadt A.-G.	3	„	„

Der Zinsfuß der genannten Anleihen und Obligationen beträgt in der Regel 7 %, doch liegt der Emissionskurs meistens so weit unter pari, daß sich eine tatsächliche Verzinsung von $7^1/_2$ % ergibt.

Außerdem wurden 40 Millionen Reichsmark Aktien der Deutschen Bank und 6,25 Millionen Reichsmark Aktien der Deutsch-Atlantischen Telegraphengesellschaft in New York untergebracht.

Schluß.

Die Zukunft des internationalen Effektenkapitalismus der Vereinigten Staaten.

1. Die weltpolitische und weltwirtschaftliche Umbildung des Erdballs.

In den Materialien zur Geschichte der Farbenlehre (Zwischenbetrachtung hinter dem Abschnitt über Paracelsus und die Alchimisten) sagt Goethe:

„Nichts brachte eine größere Wirkung auf den menschlichen Geist hervor, als die Lehre des Kopernikus (1530), die Erde sei nicht mehr Mittelpunkt des Weltalls, sondern ein mittlerer Planet."

Jahrhunderte sind vergangen, ehe man sich mit dieser veränderten Lage abgefunden hatte. Einem ähnlichen Umdenkungsprozeß unterliegt heute Europa auf weltpolitischem und weltwirtschaftlichem Gebiet. Nur leben wir schneller und intensiver als vor vierhundert Jahren, aber einige Jahrzehnte wird es wohl dauern, bis die Erkenntnis von der durch den Weltkrieg herbeigeführten Umformung des Erdballs bis in den letzten Winkel Europas gedrungen ist.

Das wirtschaftliche und politische Schwergewicht des Universums ist während des großen Ringens langsam, aber sicher von der Alten auf die Neue Welt geglitten. England ist wirtschaftlich um Jahrzehnte zurückgeworfen und weist ein Millionenheer von Arbeitslosen auf; das Band mit seinen großen Kolonien ist immer lockerer geworden, ja man kann sagen, die einzige dauerhafte Verbindung mit ihnen liegt in der weiteren Deckung ihres Kapitalbedarfs in London. Rußland ist aus einem Lande, das alljährlich große Mengen von Nahrungsmitteln und Rohstoffen ausführte, eine in sich politisch und wirtschaftlich schwer ringende Autarkie geworden, Frankreich, einst der Bankier der Welt, ist ebenso arm geworden wie Deutschland, das vor dem Kriege ungefähr 30 Milliarden Mark im Ausland investiert hatte, jetzt aber auf Auslandskredite angewiesen ist. Der ganze europäische Kontinent befindet sich in Stagnation und wird erst als „Vereinigte Staaten von Europa“ wieder lebendig werden. Japan, vor dem Kriege eines der verschuldetsten Länder der Welt, ist durch Kriegslieferungen fast schuldenfrei geworden, konnte im Weltkriege Geld an England und Rußland leihen, und schon im Jahre 1916 in sechs Monaten für 50 Millionen Dollar amerikanische Effekten kaufen; es ist ein gut Stück auf dem Wege der wirtschaftlichen und politischen Durchdringung Chinas vorwärts gekommen. Der neue weltwirtschaftliche Weltteil Panasien ist im Werden, die neue Autarkie Panamerika ist vollendet.

Die ökonomische Metamorphose der Welt geht am besten aus den folgenden Zahlen hervor:

Die Volksvermögen der verschiedenen Länder (nach einer Zusammenstellung der National City Bank).

	in Milliarden Dollar			
	1872	1890	1912	1920
Vereinigte Staaten . .	30	65	186,3	320,8
Großbritannien	40	53,4	72,3	88,8
Frankreich	33	43,8	57,1	67,7
Deutschland[1]	38	49,5	75	35,7

In den 52 Jahren seit dem deutsch-französischen Krieg hat sich das Volksvermögen der Vereinigten Staaten verzehnfacht, das Englands und Frankreichs verdoppelt, das Deutschlands ist etwas gesunken. 1870 stand die Union an letzter Stelle unter den vier damals reichsten Ländern, heute ist sie an die weitaus erste Stelle gerückt.

Der starke Kapitalschwund in den kriegführenden Ländern Europas, die Kapitalanhäufung in den Vereinigten Staaten und den neutral gebliebenen oder in die Kriegswirren kaum hineingezogenen Länder hat aber auch die Weltproduktion und den Welthandel von Grund auf gewandelt. Früher war Europa der Hauptverarbeiter aller Rohstoffe der Welt, heute machen ihm darin nicht nur die Vereinigten Staaten und Südamerika, sondern auch Kanda, China und Japan Konkurrenz. So hat sich auch der Stand des Welthandels wesentlich verändert.

---

[1]) Die Zahlen für Deutschland beruhen auf den Schätzungen des verstorbenen Staatsministers Karl Helfferich.

Prozentsatz des Außenhandels von 20 Staaten 1913 und 1921[1])

	1913	1921	1921 in % v.1913
Großbritannien	21,62	23,08	107
Vereinigte Staaten	13,54	22,14	164
Frankreich	9,35	10,63	114
Deutschland	15,72	6,07	39
Kanada	3,55	4,57	129
Japan	2,15	4,37	204
Britisch Indien	4,37	4,17	96
Belgien	5,05	4,05	80
Niederlande	8,87	3,84	43
Argentinien	3,10	3,02	97
10 weitere Länder, deren Anteil 1921 weniger als je 3 % betrug[2])	12,68	14,06	112
	100,00	100,00	

Die Umschichtungen innerhalb des Weltvermögens haben auch zu starken Verschiebungen auf dem Weltkapitalmarkt geführt. Die Vereinigten Staaten sind aus einem an Europa stark verschuldeten Land der größte Gläubigerstaat der Erde geworden, dessen Kreditsaldo gegenüber der übrigen Welt auf 20 Milliarden Dollar geschätzt wird, d. h. 2 Milliarden mehr als dieser Saldo Englands. Einerseits ist durch den Weltkrieg, vor allem durch die Unterzeichnung des Versailler Friedensvertrages, die politische und ökonomische Verflechtung der Union mit den übrigen Ländern immer enger geworden, so daß die Monroedoktrin nur auf dem Papier steht, andererseits setzt sie alles daran, um sich durch die zunehmende zollpolitische Abschließung und die Beschränkung der Einwanderung[3]) als Autarkie zu konsolidieren. Die Vereinigten Staaten würden daher denjenigen Teil ihrer jährlichen, von Hirsch auf 6—7 Milliarden Dollar geschätzten, Ersparnisse, den sie jetzt ausführen, im Lande selbst verwenden, wären sie nicht als größtes Exportland der Welt, das 25 % des Weizens, 45 % des Eisens, 50 % der Kohle, 60 % des Erdöls und Kupfers, 70 % der Baum-

[1]) Commerce Reports 22. Mai 1922, S. 504.

[2]) Australien, Schweiz, Dänemark, Schweden, Brasilien, Ägypten, Neuseeland, Südafrikan. Union, Finnland, Uruguay.

[3]) Einwanderungsbeschränkung:

1921 40% der letzten zehn Jahre vor dem Krieg.

1924 20% „ „ „ „ „ „ „

Hermann A. L. Lufft, Das Einwanderungsproblem in den Vereinigten Staaten. Weltwirtschaftl. Archiv, Bd. 20, S. 635.

wolle und 80 % der Automobile der Erde produziert, gezwungen, den Kapitalexport als Schrittmacher des Ausfuhrhandels zu benutzen. Dazu kommt, daß die durch die Kriegslieferungen stark gewachsene industrielle Produktionskraft die heimische Konsumkraft weit übersteigt, so daß auch die Industrie auf die Kapitalausfuhr als Basis ihres Absatzes angewiesen ist.

2. Voraussetzungen und Wirkungen des derzeitigen internationalen Effektenkapitalismus der Vereinigten Staaten.

Um dem internationalen Effektenkapitalismus der Vereinigten Staaten das Horoskop zu stellen, müssen wir seine Voraussetzungen und Wirkungen in der durch den Weltkrieg anders gestalteten wirtschaftlichen und politischen Struktur des Erdballs betrachten. Die Ursachen der Kapitalwanderungen in Effektenform mit dem Axiom „das Kapital strebt immer nach den Orten des höchsten Zinses" abzutun ist in dem komplizierten Gebilde der Weltwirtschaft schon deshalb nicht möglich, weil für alle nicht zufälligen Kapitalbewegungen in Effektenform gewisse Vorbedingungen erfüllt sein müssen:[1]) eine gewisse Gleichmäßigkeit der inner- und außerpolitischen Atmosphäre sowohl des kapitalgebenden wie auch des kapitalnehmenden Landes, genügende Ersparnisse der Volkswirtschaft, ein gut funktionierendes Bank- und Börsenwesen und eine geschickt arbeitende Propaganda für den Absatz ausländischer Wertpapiere. Erst wenn diese Voraussetzungen erfolgt sind, spielt die Höhe des Zinssatzes eine Rolle.

Die Stetigkeit der innen- und außenpolitischen Entwicklung der Union ist vor allem durch vier Momente bedroht, den Zusammenschluß der Landwirte gegen den immer mächtiger werdenden Komplex der Banken und industriellen Konzerne, die Arbeiterbewegung, die Negerfrage und die drohende kriegerische Auseinandersetzung mit Japan. Die von La Follette geführte Farmerbewegung, die sich mehr und mehr radikalisiert, hat bei der Präsidentenwahl 1924 4,7 Millionen Stimmen von insgesamt 29,1 Millionen erhalten. Während vor dem Kriege die Landwirtschaft konservativ, die Industrie progressiv war, ist es jetzt umgekehrt. Trotzdem der in der Landwirtschaft beschäftigte Teil der amerikanischen Bevölkerung in dem Jahrzehnt 1910—1920 um 7 % zurückging, ist die Landwirtschaft, am Wert der Erzeugnisse gemessen, immer noch der größte Erwerbszweig des Landes.

---

[1]) Alfred Lansburgh, Der internationale Kapitalmarkt im Kriege und nach dem Kriege. S. 11 ff.

Inzwischen hat sich aber, insbesondere im Süden, ein ländliches Proletariat gebildet, d. h. es leben dort ungefähr 700 000 kleine Pächter, die jährlich 450—600 Dollar verdienen und hiervon ein Drittel, teilweise sogar die Hälfte als Pachtzins an die Eigentümer abgeben. Die politisch immer stärker werdende Bewegung der Landwirtschaft, der sich ein Teil der Arbeiter angeschlossen hat, ist für die Verstaatlichung der Eisenbahnen und gegen die weitere Ausbreitung der Exportindustrie; sie will das in ihrem Interesse ausgeführte Kapital für die Intensivierung der Landwirtschaft verwendet wissen.

Eine andere Wolke am innerpolitischen Himmel der Vereinigten Staaten ist die ebenfalls immer radikaler werdende Arbeiterbewegung. Der vor kurzem verstorbene amerikanische Gewerkschaftsführer Samuel Gompers, Präsident der 4,5 Millionen Mitglieder zählenden American Federation of Labor, hat es jahrzehntelang verstanden, dieser Bewegung jedes politische Moment fernzuhalten. Das war nicht schwer, so lange vor dem Kriege die Aufstiegsmöglichkeiten für jeden tüchtigen Arbeiter die Lohnarbeit zum Durchgangsstadium für ihn machten. Heute ist der größte Teil der Arbeiterschaft dem Großunternehmertum lebenslänglich dienstbar, so daß die Bestrebungen Eingewanderter, besonders aus Rußland, sie im revolutionär-marxistischen Sinne zu organisieren, einen breiten Resonanzboden finden, und die Erfüllung des Wortes, das einst Bismarck zu Karl Schurz sagte, vielleicht nicht allzufern ist: „Die Probe auf die demokratischen Prinzipien Amerikas wird kommen, wenn — was unausbleiblich ist — in Amerika der große Kampf zwischen Arm und Reich angehen wird.“ Zu den innerpolitischen Sorgen der amerikanischen Regierung gehört auch die zunehmende Ausbreitung der bolschewistischen Lehre unter den Schwarzen der Union.

Die politischen und wirtschaftlichen Reibungsflächen der Vereinigten Staaten mit Japan sind mannigfaltiger Natur und können hier nur angedeutet werden. Sie liegen in Kalifornien, in das Japan seine Einwanderer schicken will, in dem als Absatzgebiet für die amerikanische Exportindustrie unentbehrlichen China mit seinen 400 Millionen Einwohnern, deren politische und wirtschaftliche Oberherrschaft Japan erringen möchte, in Mexiko, Südamerika und den Philippinen, in denen der japanische Warenhandel der amerikanischen Exportindustrie mehr und mehr Konkurrenz macht, während Schiffahrtslinien und Ansiedlungen die Basis der Warenausfuhr von Jahr zu Jahr verbreitern. Vorläufig wird es kaum zu einem Krieg zwischen den beiden Nationen kommen, da das große Erdbeben Japan wirtschaftlich enorm zurückgeworfen und einen Teil seiner Seestreitkräfte vernichtet hat. Ob es später einmal zu einer kriegerischen Auseinandersetzung kommt, hängt davon ab, ob sich die Vereinigten Staaten und England über die Abgrenzung ihrer Machtsphäre einigen: Kontrolle Südamerikas, des stillen Ozeans und der Ostküste Asiens und Australiens durch die Vereinigten Staaten, des übrigen außereuropäischen Erdballs durch England.

Eine weitere Voraussetzung für die ununterbrochene Aktivität des internationalen Effektenkapitalismus der Vereinigten Staaten ist die Flüssigkeit des amerikanischen Geldmarkts. Der im Frühjahr 1925 aus den Vereinigten Staaten zurückgekehrte Staatssekretär z. D. Professor Dr. Julius Hirsch schätzt die wirkliche Ersparnis des amerikanischen Volkes über seine Lebenskosten auf 6—7 Milliarden Dollar im Jahr. Dazu kommt, daß die Union, deren Goldbestand am 1. Januar 1925 4,5 Milliarden Dollar, d. h. mehr als die Hälfte des Goldvorrats der Erde betrug — gegenüber 1,9 Milliarden Dollar vor dem Kriege — einer Goldinflation nur entgehen kann, wenn sie einen Teil davon wieder in seine Ursprungsländer zurückschickt. Falls daher nicht ganz außergewöhnliche politische und wirtschaftliche Ereignisse eintreten, werden die für die Fortführung der bisherigen Kapitalausfuhr nötigen Summen weiter zur Verfügung stehen. Die Basis hierfür ist einerseits das schon vorhandene hochentwickelte Bank- und Börsenwesen, das eine regelmäßige Preisgestaltung der in den Vereinigten Staaten untergebrachten ausländischen Wertpapiere ermöglicht, andererseits eine intensive, noch auszugestaltende Propaganda, die auch den kleinsten Kapitalisten auf gute und sichere Anlagemöglichkeiten außerhalb des Landes aufmerksam macht; denn die verhältnismäßig großen Summen, die zur Aufrechterhaltung der bisherigen Kapitalausfuhr notwendig sind, können nur im großen Publikum aufgebracht werden, deren Mentalität in dieser Beziehung der Seniorchef des Hauses J. P. Morgan & Co. sehr richtig mit den folgenden Worten schildert: „Man muß immer bedenken, daß Auslandswerte für den Durchschnittsamerikaner etwas Neues sind. Heimische Eisenbahn-, heimische Industriewerte, Farmer-Darlehen und amerikanische Staats- und Kommunalpapiere waren bisher fast die einzigen Anlagewerte des Publikums. Sein Investierungshorizont ist selbstverständlich eng von der Heimat begrenzt, und man hat es bisher nicht nötig gehabt, für eine hohe und sichere Kapitalsanlage ins Ausland zu gehen. Über Chicago hinaus und noch mehr jenseits des

Mississippi verlangt der Kapitalist eine 6 bis 7 prozentige Verzinsung und kann diese unschwer erhalten. Deshalb sind die Bedingungen, die für einen Europäer liberal und generös sind, für den Amerikaner gar nicht besonders anziehend."

Ist es Aufgabe der amerikanischen Banken, die Ersparnisse der Kapitalisten für den Kapitalexport zu sammeln, so haben ihre ausländischen Filialen die Pflicht, diesen als Kreditvermittler zu überwachen und an die richtigen Stellen zu leiten. Vor 1914 war weder das Bedürfnis noch die Möglichkeit zur Errichtung solcher Filialen vorhanden; erst die in diesem Jahre eingeführte Bankreform gestattete den Nationalbanken, deren Kapital und Reserven mehr als eine Million Dollar betrugen, Filialen im Ausland zu gründen. Von dieser Erlaubnis hat vor allem die größte Aktienbank der Vereinigten Staaten, die dem Standard Oil Trust nahestehende National City Bank von 1915 ab mehr und mehr Gebrauch gemacht [1]). Eine große Rolle als Kreditvermittler spielen aber auch die sogenannten „Investment Houses", d. h. diejenigen Bankfirmen, die seit Jahrzehnten Durchgangsstellen der großen Kapitalwanderungen zwischen Europa und den Vereinigten Staaten gewesen sind, vor allem J. P. Morgan & Co., Kuhn, Loeb & Co., Speyer & Co., Lee, Higginson & Co., Dillon Read & Co, Goldmann, Sachs & Co., Kidder, Peabody & Co. und die neuen für den Kapitalexport gegründeten Gesellschaften, die U. S. A. Foreign Security and Investment Co. und die American and Continental Corporation.

Wie die englische Wirtschaftsgeschichte zeigt, folgt der Handel stets dem Kapitalexport, und ohne ihn als Schrittmacher ist eine friedliche politische Expansion in anderen Ländern unmöglich [2]). Aus den nachfolgenden Zahlen geht am besten der große Zuwachs des Außenhandels hervor, den die vermehrte Kapitalausfuhr der Union nach Südamerika und Ostasien herbeigeführt hat.

Warenausfuhr der Vereinigten Staaten
in Millionen Dollar nach:

	Südamerika	Asien
1913	146,2	115,1
1922	190,8	502,6
1923	258,7	436,9
1924	281,5	480,4

[1]) Buenos Aires, Kuba, Havanna, Montevideo, Porto Rico, Rio de Janeiro, Rosario, San Juan, San Paulo, Santiago, Santos, Valparaiso, Rom, Zürich.

[2]) Robert Liefmann, Theorie des weltwirtschaftlichen Reichtumsausgleichs. Weltwirtschaftliches Archiv. 19. Band. S. 520.

Gerade in Südamerika müssen die Vereinigten Staaten die Kapitalausfuhr als Basis des Warenhandels und des politischen Einflusses um so stärker heranziehen, als der Amerikaner im Gegensatz zum Deutschen und Engländer für den Exporthandel wenig begabt ist. Die wenigsten Amerikaner sprechen spanisch oder portugiesisch und verstehen es, sich auf die Bedürfnisse und den Geschmack ihrer südamerikanischen Kunden einzustellen, die sie dazu noch als minderwertige Rasse von oben herab behandeln. Endlich verlangt der Amerikaner, dem der internationale Wechselverkehr etwas fremdes ist, Zahlung in bar oder kurzfristigen Akzepten. Viel weniger Schwierigkeiten bietet die kommerzielle Durchdringung Chinas, wo die American Tobacco Company und der Standard Oil Trust in den letzten zehn Jahren mit großem Erfolge gearbeitet hat.

Sprechen politische und wirtschaftliche Gründe für die Fortdauer des Kapitalexports der Vereinigten Staaten nach Südamerika und Ostasien, so sind, was Europa anbetrifft, nur die letzteren von Bedeutung. Denn die Union hat zur Zeit wenigstens keinerlei unmittelbare politische Interessen an und in Europa, es sei denn, daß politische Krisen seine wirtschaftlichen Funktionen stören und damit die Rückzahlung der ihm gegebenen Kredite oder den Warenabsatz dorthin gefährden. Daher die Propagierung des Abrüstungsgedankens, die Einberufung der Washingtoner Konferenz hierüber und die 1925 erfolgte vorläufige Sperrung aller Kredite an Frankreich, da dieses einen großen Teil davon für Rüstungszwecke verwendet. Ein anderes Druckmittel in dieser Beziehung ist die Drohung der Einziehung aller aus dem Weltkriege stammenden Forderungen, d. h. die Aufrollung der Frage, in welcher Weise und wann die Regelung der interalliierten Schulden erfolgen soll. In diesem Punkt geht Amerika Hand in Hand mit England, das nicht mehr reich genug ist, um die von ihm seinen Alliierten gewährten Kredite zu streichen [1]). Auch in der Union, deren Staatsschuld immer noch 21 251 Millionen Dollar gegenüber 1208 Millionen Dollar 1917 beträgt, trotzdem in den 5 Jahren 1919—1924 5343 Millionen Dollar zurückgezahlt sind, tritt niemand mehr für die von Frankreich vorgeschlagene teilweise oder völlige Streichung aller europäischen Kriegsschulden [2]) an die Vereinigten Staaten ein.

---

[1]) Frankreich schuldet an England drei, an die Vereinigten Staaten vier Milliarden Dollar.

[2]) Diese betrugen 1924 einschließlich Zinsen 12 Milliarden Dollar.

3. Die Zukunft des nordamerikanischen Kapitalexports nach Deutschland.

Daß eine starke Kapitalausfuhr der Vereinigten Staaten gerade für Deutschland und seinen Wiederaufstieg von größter Wichtigkeit ist, liegt auf der Hand. Man darf aber nie vergessen, daß die erschwerenden Momente auf diesem Gebiete weit stärker sind als die gegenteiligen, z. B. die Tatsache, daß das amerikanische Publikum vor der Stabilisierung unserer Währung 900 Millionen Dollar an der Mark verloren hat, und zwar $^1/_3$ davon durch Ankauf deutscher Aktien und festverzinslicher Papiere, $^2/_3$ durch Valutaspekulationen. Diesen Verlusten gegenüber spielen die 1923 und 1924 durch Spekulationen in deutschen Anleihen verdienten Summen [1]) keine Rolle. Dazu kommt, genau wie im Jahre 1924 in England die Tätigkeit ungerufener und unberufener Vermittler, denen das Auswärtige Amt in Berlin das Handwerk legen sollte, indem es dafür sorgt, daß ihnen die amerikanichen Konsulate in Deutschland die Einreiseerlaubnis verweigern. Bei dem Mißtrauen, das immer noch in amerikanischen Kapitalistenkreisen gegenüber Deutschland herrscht, vor allem in bezug auf seine politische Entwicklung, ist es am förderlichsten, wenn vorläufig auf beiden Seiten des großen Teiches nur große Aktienbanken und Privatbankhäuser, vor allem die deutschen Ursprungs [2]), oder aber die von ihnen für diesen Zweck gegründeten Gesellschaften wie z. B. die American and Continental Corporation als Vermittler der Kapitalausfuhr tätig sind. An die Errichtung von Filialen in Deutschland denken die National City Bank und andere große Bankhäuser so lange nicht, als ihnen die politische Lage, sei es durch einen neuen Konflikt mit Frankreich, sei es durch Versuche, die republikanische Staatsform mit Gewalt zu beseitigen, gefährdet erscheint.

Jedenfalls darf man die Schwierigkeit der Unterbringung deutscher Effekten in den Vereinigten Staaten nicht unterschätzen. Sie kann nur gelingen, wenn dort eine äußerst geschickte Propaganda bei den Banken, der Presse und dem großen Publikum einsetzt, vor allem wenn eine zuständige Stelle besteht, die sich nur mit diesen Fragen beschäftigt und als Verbindungsoffizier zwischen Geldgeber und Geldnehmer fungiert. Das können nur Finanzattachés,

---

[1]) Zur Zeit des größten Markverfalls konnte man für 100 Dollar 25 Millionen Mark deutsche Anleihen erwerben.

[2]) Kuhn, Loeb & Co., Speyer & Co., Goldman, Sachs & Co., Hallgarten & Co., Ladenburg, Thalmann & Co., G. Amsinck & Co., Ladenburg, Neumond & Co.

d. h. banktechnisch und volkswirtschaftlich durchgebildete Männer, die die Sprache und die Verhältnisse des Landes, in dem sie wirken sollen, genau kennen und vor allem gewandt genug sind, um persönliche Beziehungen mit der Bankwelt und der Presse des geldgebenden Landes anzuknüpfen und zu pflegen. Bisher gab und gibt es freilich im Auswärtigen Dienst überhaupt keine Finanzattachés. Ja wir haben bei unseren Missionen in Washington, London und Paris, im Haag und in Bern nicht einmal Herren, die in den Fragen der Kapitalausfuhr sachverständig sind, geschweige denn die Zeit hätten, sich mit ihnen zu beschäftigen. Nur beim Generalkonsulat in New York sitzt der in allen finanziellen Fragen äußerst versierte Dr. Bendix, der aber allein die schwierigen Probleme einer intensiven Kapitalausfuhr aus den Vereinigten Staaten nach Deutschland nicht bearbeiten kann. Hier müßte ein ganzer Stab tätig sein. Für Rußland war jahrelang einer der klügsten europäischen Finanziers, der Wirkliche Staatsrat Exzellenz Raffalovich, Herausgeber des „Marché financier", als Finanzattaché in Paris tätig. Nur durch seine Energie, Geschicklichkeit und unermüdliche Propaganda in der Presse ist es der russischen Regierung gelungen, in nur zwei Jahrzehnten für über 20 Milliarden Franks Staatspapiere und Eisenbahnobligationen im französischen Publikum unterzubringen.

4. Die Völkerbundsanleihe.

Ob die Festsetzung der Endsumme aller Deutschland auferlegten Zahlungen und die Regelung der internationalen Kriegsschulden zu der schon vor mehreren Jahren von dem bekannten englischen Wirtschaftspolitiker Sir George Paish vorgeschlagenen großen Völkerbundsanleihe führt und damit den internationalen Effektenkapitalismus der Welt auf eine noch breitere Basis stellt, läßt sich zur Zeit nicht beurteilen. Paish hält zur Wiederherstellung des gestörten wirtschaftlichen Gleichgewichts Europas eine internationale Anleihe für notwendig, von der die Union 15, Großbritannien 5, Frankreich, Italien, China, Japan, Südamerika und die anderen Länder zusammen 15 Milliarden Dollar zu übernehmen hätten. Falls alle Nationen des Völkerbundes die Sicherheit der Anleihe garantieren, wäre die Herabsetzung ihres Zinssatzes unter den für die Anleihen einzelner Staaten üblichen möglich. Die neue Anleihe würde als erstes und sicherstes Anlagepapier der Welt das brachliegende Kapital der ganzen Erde an sich ziehen. Die Gesamtsumme von 35 Milliarden Dollar aber wäre vom Völkerbund auf die einzelnen Länder je nach ihren Bedürfnissen, sei es zum Wiederaufbau, sei es zur Stabilisierung ihrer Währung zu verteilen. Gleichzeitig würde die Anleihe ein neues internationales Zahlungsmittel sein, besonders wenn die einzelnen Anleihestücke, wie es Max Warburg in seinem dieselbe Idee behandelnden Brief an Lord Parmour vorgeschlagen hat, in den verschiedenen Währungen zu bestimmten Paritätsätzen ausgestellt werden und überall frei von Steuern sind.

Eine solche Anleihe würde nicht nur eine neue Blüte der am Weltkriege beteiligt gewesenen Nationen herbeiführen, sondern auch die ökonomischen und politischen Wechselwirkungen zwischen den einzelnen Staaten intensiver gestalten und dadurch die Wirtschaft und den Frieden der Welt konsolidieren. Nur die Ersetzung des Imperialismus der Gewalt durch den der Kapitalausfuhr und des Handels, die Bildung der Vereinigten Staaten von Europa und der Ausbau des Völkerbundes durch den Beitritt Deutschlands und der Union können die abendländische Kultur vor dem Untergang, die Zukunft der Erde aber der weiteren Evolution der menschlichen Gesellschaft bewahren.

Literaturverzeichnis.

W. H. Allen, Why France is the World's Banker and why the United States is not. Moody's Magazine, 1909.

W. H. Allen, Dollar Diplomacy, a Menace and a Humbug. Moody's Magazine. Bd. 11 (Juni 1911). S. 411.

Nathaniel T. Bacon, American International Indebtness. Yale Review. Bd. IX, S. 265—285.

Bandeiro de Mello, Développement économique du Brésil. Revue économique internationale 1911. Bd. 3. S. 84.

Hon. John Barett, Latin America as a Field for U. S. Capital and Enterprise. Banker's Magazine New York. Bd. 74. (Juni 1907). S. 920 bis 926.

Ludwig Bendix, Die amerikanische Volkswirtschaft unter dem ersten Einfluß des europäischen Krieges. Krieg und Wirtschaft. 1. Heft. Tübingen 1914.

Albert S. Bolles, Financial History of the United States. New York 1879, 1883 und 1886.

Ludger Brenninkmeyer, Die Amsterdamer Effektenbörse. Leipzig 1920.

Frederik A. Cleveland and Fred Wilbur Powell, Railroad Promotion and Capitalisation in the United States. New York 1909.

Katherine Coman, The industrial History of the United States. New York 1910.

Charles A. Conant, The World's Wealth in Negotiable Securities. The Atlantic Monthly. Bd. 101, Januar 1908. S. 97—104.

Charles A. Conant, Selling American Securities Abroad. North American Review. Bd. 183 (Sept. 06) S. 508—518.

Charles A. Conant, The Principles of Money and Banking. New York 1905.

Edgar Crammond, Finance in Time of War. Quarterly Review. Bd. 213 (Juli 1910). S. 303—329.

Hans David, Das deutsche Auslandskapital und seine Wiederherstellung nach dem Kriege. Weltwirtschaftliches Archiv. Bd. 14. S. 31—70 und S. 273—300.

Paul Dehn, England und die Vereinigten Staaten. Hamburg 1915.

D. R. Dewey, Financial History of the United States. London 1903.

Jules Doumergue, Cinq milliards ½ sur les placements de tout repos. La réforme économique. 20. Jahrg. (1911). S. 1 und 2.

James Edmund Dunning, American Securities in Europe. North American Review. Bd. 194 (1911). S. 553—565.

Charles Duguid, The Story of the Stock Exchange. London 1910.

Franz Eulenburg, Internationale Kapitalbildung nach dem Kriege. Weltwirtschaftliches Archiv. Bd. 19. S. 363—395.

Walter F. Ford, American Investments in England. Contemporary Review. Bd. 81 (März 1902). S. 401—408.

Geschichte der Frankfurter Zeitung. Frankfurt a. M. 1911.

Sir Robert Giffen, The Expenditure of National Capital. Journal of the Institute of Bankers. London. Bd. 22 (1901). S. 251—270.

Alexander Gilbert, Speech to the New York State Bankers Association am 27. I. 1907.

P. M. J. Gilissen, American Securities in Holland. Moody's Magazine. Bd. XI, S. 309.

L. Glier, Steuern und Schulden der Vereinigten Staaten von Amerika. Stuttgart 1923.

Yvès Guyot, The Resources of French Investors. Financial Review of Reviews. Januar 1909.

Yvès Guyot, Le placement des capitaux français en valeurs américaines. Journal des Économistes. 69. Jahrg. (Juni 1910). S. 434—439.

Ernst von Halle, Statistik der Aktiengesellschaften in den Vereinigten Staaten. Handwörterbuch der Staatswissenschaften, 3. Aufl. Bd. 1. S. 384.

Frederic M. Halsey, Investments in Latin America and the British West Indies. Washington 1918.

Heinrich Hilgard-Villard, Lebenserinnerungen. S. 431 ff. 451 ff.

Francis W. Hirst, Credit of Nations. Publication of the Monetary Commission. Washington. S. 3—149.

C. K. Hobson, The export of capital. London 1914.

W. D. Hornaday, American Capital in Mexiko. Moody's Magazine, Juli 1907.

Carl Hovey, The life story of J. P. Morgan. New York 1911.

Cl. Juglar, des crises commerciales. Paris 1889.

Emil Kimpen, Die Ausbreitungspolitik der Vereinigten Staaten. Stuttgart 1923.

Hans Jürgen von Kleist, Die ausländische Kapitalbeteiligung in Deutschland. Berlin 1921.

Carl Köttgen, Das wirtschaftliche Amerika. Berlin 1925.

Alfred Lansburgh. Der internationale Kapitalmarkt im Kriege und nach dem Kriege. Stuttgart 1916.

Paul Leroy-Beaulieu, Les valeurs américaines en France, Économiste Français, 37. Jahrgang (1910). Bd. II. S. 41—43.

Paul Leroy-Beaulieu, La crise est-elle en vue? Économiste Français, 5. I. 1907.

Lescure, Des crises générales et périodiques de surproduction. 2 ième Ed. Paris 1910.

Friedrich Lenz, Wesen und Struktur des deutschen Kapitalexports von 1914. Weltwirtschaftliches Archiv. 18. Bd. S. 44—54.

Leone Levi, The History of British Commerce 1763—1878. London 1880.

Hermann Levy, Die Vereinigten Staaten von Amerika als Wirtschaftsmacht. Berlin 1923.

Robert Liefmann, Beteiligungs- und Finanzierungsgesellschaften. Jena 1913.

Robert Liefmann, Theorie des weltwirtschaftlichen Reichtumsausgleichs. Weltwirtschaftliches Archiv, 19. Bd., S. 501—539.

Hermann A. L. Lufft, Die nordamerikanischen Interessen in Südamerika vor dem Kriege. Jena 1916.

Hermann A. L. Lufft, Das Einwanderungsproblem in den Vereinigten Staaten von Amerika. Weltwirtschaftliches Archiv, 20. Bd., S. 634—649.

R. Lüscher-Burckhardt, Die Schweizerischen Börsen. Zürich 1914.

Wilhelm Mautner, Die Verschuldung Europas. Frankfurt a. M. 1923.

Walter Meißner, Das wirtschaftliche Vordringen der Nordamerikaner in Südamerika. Cöthen 1919.

Kotaro Mochizuki, La situation économique et financière du Japon apres la guerre. Revue économique internationale. VII. Jahrgang (1910). S. 468—494.

Arthur Montgomery, Zur Wirtschaftskrise in den Vereinigten Staaten im Jahre 1920. Weltwirtschaftliches Archiv, 20. Bd. S. 443 bis 460.

L. G. Chiozza Money, La richesse en Angleterre. Revue économique internationale, 5. Jahrgang. Bd. 4. S. 59.

Gustavus Myers, History of the Great American Fortunes, Chicago 1910.

E. P. Oberholtzer, Jay Cooke and the Financing of the Civil War. Philadelphia 1907.

John Ball Osborne, Protection of Commuerce and Capitalabroad. North American Review. Bd. 195 (1912). S. 688—700.

S. F. van Oss, American Investments. Financial Review of Reviews Juni 1907.

George Paish, Great Britain's Capital Investments in other Lands. Journal of the Royal Statistical Society. Bd. 72 (1909). S. 465—480. Bd. 74 (1911). S. 167—187.

Frank D. Pavey, Sale of American Securities in France. North American Review. Bd. 190. (Dec. 1909).

Johannes Pfitzner, Die panamerikanische Finanzkonferenz vom 24.—29. Mai 1915. Jena 1915.

Eugen von Philippovich, Auswanderung. Artikel im Handwörterbuch der Staatswissenschaften.

Ernst Picard, Die Finanzierung nordamerikanischer Eisenbahngesellschaften. Jena 1912.

Ernst Preuß, Die Kapitalanlage im Auslande. Berlin 1923.

Raffalovich, Le marché financier 1900/01. S. 673—679.

Kurt Freiherr von Reibnitz, Die New Yorker Fondsbörse. (Stock Exchange), Ihre Geschichte, Verfassung und wirtschaftliche Bedeutung. Jena 1912.

Charles Anton Rosenthal, Amerikanische Bonds. München 1912.

Georg Schaller, Das Problem der interalliierten Schulden. Deutsche Rundschau. 51. Jahrgang, S. 113—119.

Max Schippel, Amerikas Wirtschafts- und Finanzlage und die Wiederaufrichtung Europas. Stuttgart 1921.

Gero von Schulze-Gaevernitz, Die englische Kreditpolitik 1914—1921. Berlin 1924.

Prof. Dr. Schumacher, Das Problem der internationalen Kriegsverschuldung. Hannover 1923.

John C. Schwab, The Confederate States of America. New York 1901.

F. Spare, The Wallstreet Crisis and the Country. Review of Reviews. Bd. 35, S. 1559.

Charles F. Speare, Selling American Bonds in Europe. Annals of the American Academy of Political and Social Science. Bd. 30, Nr. 2, S. 79—91.

Charles F. Speare, European Patronage for American Securities. Moody's Magazine, August 1909.

Charles F. Speare, What America Pays Europe for Immigrant Labor. North American Review. Bd. 187 (1908). S. 106—116.

Charles F. Speare, Foreign Investments of the Nations. North American Review Bd. 190 (Juli 1909), S. 82—92.

Charles F. Speare, The American People and Scientific Investments. Financial Review of Reviews. September 1910.

Sir Edgar Speyer, Bart, Some Aspects of National Finance. Journal of the Institute of Bankers. Bd. 26 (1905). S. 371.
Worthy P. Sterns, The Beginnings of American Financial Independence. Journal of Political Economy. Bd. VI (1898). S. 187—208.
Karl Strasser, Die deutschen Banken im Ausland. München 1924.
W. G. Summer, The History of Banking in the United States. S. 267.
W. G. Summer, History of American Currency. New York 1874.
Elisha Hollingsrorth Talbot, American Interests in Mexiko. Moody's Magazine April 1911.
Marc de Vallette, The Paris Bourse. Moody's Magazine. Bd. X, S. 405—412.
Marc de Vallette, The Placing of American Securities in France. Moody's Magazine. Bd. XI. S. 37—43.
Frank A. Vanderlip, American Invasion in Europe in dem Essayband: Business and Education. S. 94—204.
G. Vissering, La bourse d'Amsterdam. Revue économique internationale 3. Jahrg. (1906). Bd. I. S. 40—77. S 499—537.
G. Vissering, Internationale Wirtschafts- und Finanzprobleme. Berlin und Leipzig 1920.
A. Sartorius Frhr. v. Waltershausen, Das Auslandskapital während des Weltkrieges. Stuttgart 1915
David A. Wells, Special Commissioner of the Revenue. Report to the Congress vom 20. 12. 1869.
Oscar Wingen, Die interalliierten Schulden. Die deutsche Nation. 7. Jahrg. S. 175—181.
Horace White, The Stock Exchange and the Money Market. Annals of the American Academy of Political and Social Science. Bd. 36. No. 3, S. 89.
Max Wirth, Geschichte der Handelskrisen. Frankfurt a. M. 1890.
Walter Zollinger, Die Bilanz der internationalen Wertübertragungen. Jena 1914.
American State Papers on Finance. Bd. II.
Annual Report of the United States Treasury for 1902.
Vierteljahreshefte f. Statistik des Deutschen Reichs. 1908 Heft 2, 1910 Heft 1.
Wochenberichte des deutschen Finanzverständigen in New York, Dr. Ludwig Bendix.
Sämtliche Jahrgänge der folgenden Zeitschriften:
Bankers' Magazine, London.
Bankers' Magazine, New York.
Commercial and Financial Chronicle.
Financial Review of Reviews.
The Statist, London.
Deutsche Zeitungen:
Berliner Tageblatt.
Vossische Zeitung.
Frankfurter Zeitung.

MIX
Papier | Fördert
gute Waldnutzung
FSC® C083411

Kolibri 360 GmbH
Ferdinand-Jühlke-Straße 7
99095 Erfurt, Deutschland
produktsicherheit@kolibri360.de